CD付

バッチリ 話せる 中国語

すぐに使えるシーン別会話基本表現

于暁飛 監修
(ウ ショウ ヒ)

三修社

「覚えたい！」「使ってみたい！」中国語の表現がバッチリ話せる！使いこなせる！

　中国語の「覚えたい表現」と「使ってみたい表現」を効率的でムダなくマスターできるように，次のような《5つのバッチリ》で構成しました。

❶ バッチリ！自然な中国語の発音とリズムを身につける！
　PART1で発音についての基本を解説。本書付属のCDを繰り返し聞き，声を出して発音練習し，自然な中国語の発音とリズムを身につけましょう。

❷ バッチリ！リスニング力をつける！
　付属のCDを繰り返し聞いてください。とにかく聞きまくることでリスニング力が自然と身につきます。

❸ バッチリ！中国語ってどんな言葉かがスッキリわかる！
　PART1で中国語の基本の文法を解説。最初は基本の基本だけを頭に入れるだけにし，話すレッスンの中で文法事項は再チェックするのが効率的です。

❹ バッチリ！日常ミニュケーションが集中マスターできる！
　日常生活で使われる頻度の高い表現を中心に構成。表現はできるだけ簡単で，応用の効くものが中心です。

❺ バッチリ！中国旅行の必須表現を頭出しパターンでマスター！
　場面別中国旅行会話では，頭出しパターンに色をつけて覚えやすくしていますから，効率的に話す力がつきます。また，会話の状況が目に浮かぶように，対話形式の構成にも重点をおいています
　本書で「これで中国語はバッチリ決まった！」と実感してください。

……… C☆O☆N☆T☆E☆N☆T☆S ………

PART 1 ●すぐに使える！
中国語の基本《発音・文法・基本単語》

これだけは知っておきたい！中国語の特徴と発音 ……… 10
- ■「中国語」は"汉语"　■"普通话"が共通語
- ■中国の漢字 — "简体字"　■中国の漢字 と日本の漢字
- ■中国語の漢字は，1つの漢字に読み方は1つ
- ■中国語の発音表記の"拼音"と"四声"　■四声の発音ポイント

これだけは知っておきたい！中国語の文型 ……… 14
- 中国語は語順がポイント ❶動詞述語文 ❷形容詞述語文 ❸名詞述語文
- ❹否定の表現 ❺疑問の表現 ●一般疑問文 ●疑問詞疑問文

【日常生活の基本単語】 ……… 18
- ■数を数える単位〈量詞〉 ……… 28

PART 2 ●すぐに話せる！
中国語の頭出しパターン 15

1. 「AはBです」A＋是＋B。 ……… 30
2. 「〜がほしい」「〜をください」我 想 要 〜。 ……… 31
3. 「…したい」我 想 〜。 ……… 32
4. 「…はありますか？」有 没有 〜？／有 〜 吗？ ……… 33
5. 「〜してもいいですか」可以 〜 吗？ ……… 34
6. 「〜することができますか？」能 〜 吗？ ……… 35
7. 「〜してもらえますか？」你 能 〜 吗？ ……… 36
8. 「どうぞ〜（してください）」请 〜。 ……… 37

CONTENTS

- 9.「私に〜（して）ください」请 给 我 〜。 ... 38
- 10.「〜させてください」请 让 我 〜。 ... 39
- 11.「〜したことがありますか？」你 ... 过 〜 吗？ ... 40
- 12.「私は〜できます」我 会 〜。 ... 41
- 13. 疑問詞・質問パターン① 什么 时候，哪儿，谁，什么 ... 42
- 14. 疑問詞・質問パターン② 哪个，哪，怎么，为 什么 ... 43
- 15. 数字についてたずねるとき 几〜? / 多少〜? など ... 44

PART 3 ●すぐに話せる！
よく使う中国語の基本・日常表現

- 1. 日常のあいさつ① ... 46
- 2. 日常のあいさつ② ... 48
- 3.「お礼」「祝い」のことば ... 50
- 4. おわびのことば ... 52
- 5. はい，いいえ ... 54
- 6. 感情を伝える ... 56
- 7. 自宅に招待する［される］ ... 60
- 8. 天気 ... 64
- 9. 自己紹介する / 挨拶をする ... 66
- 10. 友だちづくり ... 70
- 11. 中国語，中国 ... 78
- 12. 趣味 ... 82
- ■色 ... 86

PART 4 ●すぐに話せる！
中国旅行重要フレーズ

·········CONTENTS·········

- 13. 機内で・空港で ... 88
- 14. 入国審査・税関 ... 92
- 15. 交通機関〈タクシー〉... 96
- 16. 交通機関〈バス・列車〉... 98
- 17. ホテルで〈チェックイン〉... 104
- 18. ホテルで〈ルームサービス〉... 108
- 19. ホテルで〈苦情〉... 110
- 20. ホテルで〈チェックアウト〉... 112
- 21. レストラン／食事する ... 114
- 22. 屋台 ... 126
- 23. ショッピング〈品物を探す〉... 128
- 24. ショッピング〈試してみる〉... 132
- 25. ショッピング〈値段交渉と支払い〉... 136
- 26. 道をたずねる ... 140
- 27. 観光する〈美術館・博物館〉... 144
- 28. 写真を撮る ... 150
- 29. 観劇・観戦 ... 152
- 30. 両替する ... 156
- 31. 郵便局で ... 158
- 32. 電話で ... 160
- 33. 盗難・紛失 ... 164
- 34. 病気・診察・薬局 ... 168
- 35. 空港で ... 174

PART 5 ●入れ替えて使える！
中国語の基本単語集 ... 177

本書の活用法

《5つのバッチリ》で
中国語の「話す・聞く」を集中マスター

❶ バッチリ！発音と文法の基本がスッキリとマスター！
❷ バッチリ！聞き取りに慣れる！
❸ バッチリ！頭出しパターンを使って効率マスター！
❹ バッチリ！日常＆旅行の必須表現を速攻マスター！
❺ バッチリ！基本単語が覚えられる！

　本書では，中国語の入門者の方のために読み方の補助としてカタカナルビをつけました。このルビはあくまでも発音のヒントですから，付属のCDを繰り返し聴いてマスターしましょう。

□ PART 1
すぐに使える！
中国語の基本
《発音・文法・基本単語》

　PART1では，最初に知っておきたい中国語の基本知識（発音・文法）についてわかりやすく説明しています。最初は，概要を知るだけで大丈夫です。いろいろなフレーズをマスターする中で再チェックする学習が効果的です。また，日常よく使う数字・時刻，曜日，月などの基本単語を紹介しています。

■ 中国語の発音表記の "拼音" と "四声"
　中国語は漢字1文字が1音節で，発音はローマ字で表記しています。このローマ字は中国語で "拼音"［ピンイン］と言います。

　例えば "日本" の発音は，"Rìběn" と表記します。"拼音" は全部で27個のアルファベット（母音6個，子音21）があります。これらを組み合わせて使います。

日本　[Rìběn]
铃木　[Língmù]
新年　[xīnnián]

母音の上に付いている記号は声調記号です。
ピンインが同じつづりでも，声調が違う（mā / má / mǎ / mà）と意味がまったく違いますから，1つの漢字のピンインは声調を含めてセットで考えるのが普通です。

中国語の発音の大きな特徴は声調です。
一つ一つの音節に声調と呼ばれる高低アクセントが付いています。声調には全部で四つのパターンがありますから「四声」とも言います。
これに声調符号の付かない「軽声」（軽く短く発音）を加えて，全部で5つの音があります。

ma?　「～ですか」

☐ PART 2
すぐに話せる！中国語の頭出し基本パターン 15

PART2 では，「～がほしい」とか「～したい」といった相手に伝えたい気持ちの頭出しパターンの一つひとつについて，その使い方を解説するとともに，差し替え例文（中国旅行や日常会話場面でのフレーズ）でそのパターンの使い方になれることができるように工夫しています。この 15 の頭出しパターンを覚えるだけで，話す力が飛躍的に伸びます。

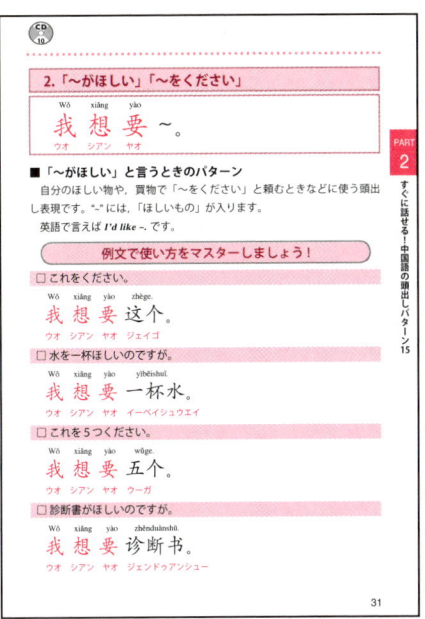

☐ PART 3
すぐに話せる！よく使う中国語の基本・日常表現

PART3 では，あいさつや日常表現などをテーマ別に紹介しています。

基本表現と日常生活で使われる頻度の高いフレーズを中心に構成。

表現はできるだけシンプルで，応用の効くものが中心です。

表現に関するポイントをメモ式または注としてアドバイスしています。

また，基本パターンのフレーズには，色をつけて覚えやすくしています。

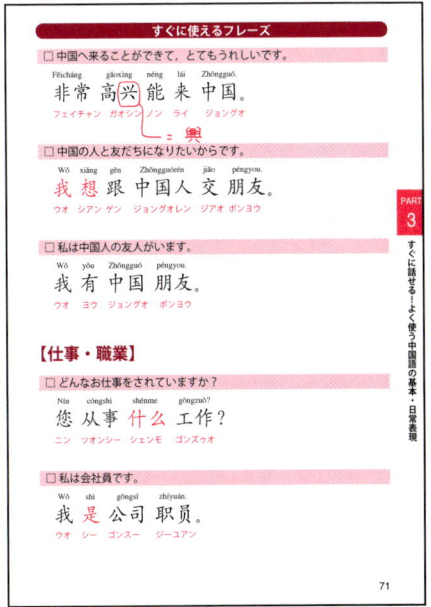

PART 4
すぐに話せる！
中国旅行重要フレーズ

PART4 では，中国旅行で役立つフレーズを場面別に豊富に紹介しています。

さらに，必要に応じて表現に関するポイントをメモ式または注としてアドバスし，ムダのない学習ができるように工夫しています。

最初は使ってみたいフレーズを優先的に覚えましょう。それが中国語会話学習が長続きするコツです。

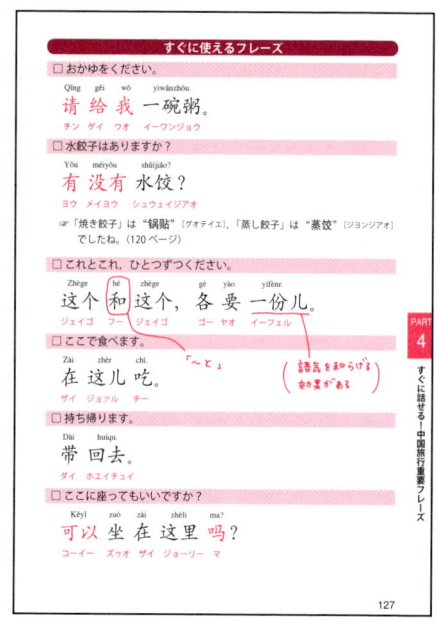

PART 5
入れ替えて使える！
中国語の基本単語集

PART5 では，日常会話や旅行会話でよく使われる単語を紹介しています。PART1 で紹介した数や曜日などの基本単語は原則として除いてあります。

まず最初に，PART 2 の『中国語の頭出し基本パターン15』の入れ替え単語として活用してください。また1 日に数個ずつ音読して覚えるなどの方法も効果的です。

PART 1
すぐに使える！
中国語の基本
〈発音・文法・基本単語〉

これだけは知っておきたい！
中国語の特徴と発音

■「中国語」は"汉语"

　一般に言う「中国語」は，中国全人口の９割以上を占める漢民族が使っている言葉（漢語）ということで，中国ではこれを"汉语"［ハンユイ］と言います。

■"普通话"が共通語

　日本の標準語に相当する中国語官用語を"普通话"［プゥトンホワ］と言います。

■中国の漢字──"简体字"

　中国語には，日本語のようにカタカナやひらがなはありません。ほとんど漢字で表記します。
　新中国成立後，文字改革が行われ，より読みやすく書きやすい"简体字"［ジエンティズ］と言われる簡単化された漢字を使用しています。

【简体字の作られ方例】

●《繁体字の一部分を残して》	□ 习 ← 習	□ 关 ← 関
●《偏や旁を略して》	□ 时 ← 時	□ 产 ← 産
●《草書体を利用して》	□ 书 ← 書	□ 东 ← 東

■ 中国の漢字 と 日本の漢字

現在日本で使われている漢字とよく似た単語がとても多くあります。

【意味・形が同じ】

椅子 / 旅行 / 学校 / 美容院 / 猫

【意味が違う】

新闻　《意味》ニュース　→「新闻」は"报纸"パオジ
丈夫　《意味》主人
工作　《意味》仕事
机　　《意味》機械
大家　《意味》みなさん

【一部が違う】

画 / 美 / 着 / 角 / 单 / 变

■ 中国語の漢字は，1つの漢字に読み方は1つ

日本語の漢字は1つの漢字に音読み，訓読みがありますが，中国語の漢字（简体字）は，1つの漢字に読み方は1つだけです。（例外は除く）

（日本語）　　　　　　（中国語）

銀行　行了
インハン　シンラ

香　　　　　　　　香

「コウ, キョウ, かお（る）」など　　「シアン [xiāng]」

■ 中国語の発音表記の"拼音"と"四声"

　中国語は漢字1文字が1音節で，発音はローマ字で表記しています。このローマ字は中国語で"拼音"［ピンイン］と言います。

　例えば"日本"の発音は，"Rìběn"と表記します。"拼音"は全部で27個のアルファベット（母音6個，子音21）があります。これらを組み合わせて使います。

　　日本　　[Rìběn]
　　铃木　　[Língmù]
　　新年　　[xīnnián]

　母音の上に付いている記号は声調記号。
　ピンインが同じつづりでも，声調が違う（mā / má / mǎ / mà）と意味がまったく違いますから，1つの漢字のピンインは声調を含めてセットで考えるのが普通です。

　中国語の発音の大きな特徴は声調です。
　一つ一つの音節に声調と呼ばれる高低アクセントが付いています。声調には全部で四つのパターンがありますから「四声」とも言います。
　これに声調符号の付かない「軽声」（軽く短く発音）を加えて，全部で5つの音があります。

　　　　ma?　　「〜ですか」

■ 四声の発音ポイント

◆ 第1声

音を高く平らに伸ばす調子

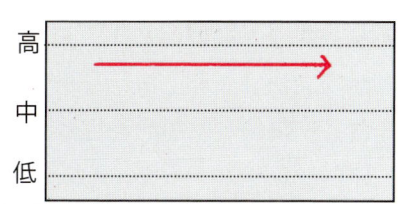

mā 妈 「母」

◆ 第2声

音を尻上がりに一気に引き上げる調子

ビックリした時の「エーッ」↗

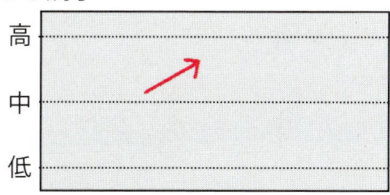

má 麻 「麻」

◆ 第3声

音を低く抑えた調子で普通の高さに戻す調子

"なるほど"という時の「フーン」↗

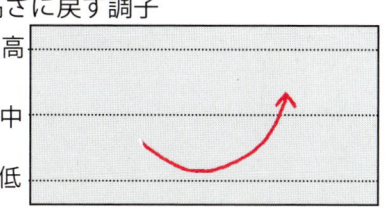

mǎ 马 「馬」

◆ 第4声

音を高いところから一気に下げた調子

"カラス"の「カー」↘

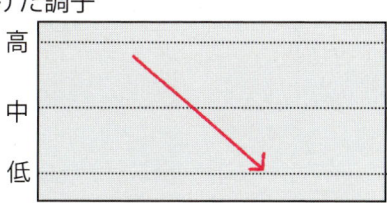

mà 骂 「ののしる」

これだけは知っておきたい！
中国語の文型

■ 中国語は語順がポイント

　中国語の文法は人称，格，時間や状態などによって語形が変わることがありません。単語と単語が一定の文法関係で組み合わされて文を作りますから，語順がポイントです。中国語の語順を説明するために，最初に中国語の述語の種類を紹介します。

❶ 動詞述語文（動詞が述語となる文）

　基本的には英語と同じ「主語＋動詞＋目的語」です。もちろん目的語がなくても成立する文もあります。

Wǒ　qù.
我 去。（私は行く）
ウオ　チュイ

Wǒ　qù　xuéxiào.
我 去 学校。（私は学校へ行く）
ウオ　チュイ シュエシアオ

Tā　ài　tā.
他 爱 她。（彼は彼女を愛しています）
ター　アイ　ター

(1) 動詞の前に副詞や副詞的な表現で動詞を修飾するパターン。

Tā　dàshēng　xiào.
她 大声 笑。（彼女は大きな声で笑う）
ター　ダーシュヨン　シアオ

(2) 動詞の後に補語（補助的に動作の程度，頻度，結果，方向，様態などを説明する成分）がくるパターン。

Wǒ　　xiàolèi　le.
我　笑累　了。　（私は笑って疲れた）
ウオ　シアオレイ　ラ

(3) 目的語の前に指示代名詞，数詞と量詞（冊，本，枚などものを教える単位）などで目的語を修飾するパターン。

Tā　　xiěle　　yì　fēng　xìn.
他 写了 一 封 信。　（彼は1通の手紙を書いた）
ター　シエラ　イー　フオン　シン

2 形容詞述語文（形容詞が述語となる文）

これは英語と違って，be 動詞は不要となります。つまり中国語の形容詞は動詞と同じような機能を持っていると考えるとわかりやすいですね。
しかし，肯定文の平叙文の場合は常に副詞の"很"をつけることを忘れずに。

Wǒ　　hěn　kāixīn.
我 很 开心。　（私は楽しい）
ウオ　ヘン　カイシン

Tā　hěn　máng.
他 很 忙。　（彼は忙しい）
ター　ヘン　マン

Tiānqì　hěn　hǎo.
天气 很 好。　（天気がよい）
ティエンチイ ヘン ハオ

3 名詞述語文 (名詞が述語となる文)

　これも形容詞述語文と同じく，be 動詞は不要となります。時間を示す名詞，数字を示す名詞などが単独で文章を構成することができます。

　　　　Xiànzài　　sāndiǎn
　　　現在 三点。（今3時です）
　　　シエンザイ　サンディエン

　　　　Jīntiān　　xīngqītiān
　　　今天 星期天。（今日は日曜日です）
　　　ジンティエン　シンチーティエン

4 否定の表現

　中国語には「打ち消し」を示す副詞が2つあります。

　"不" は「～ではない，～しない」というように習慣，意思，未来のことを否定します。動詞，形容詞の前に用いて否定の意味を表します。

　　　　Wǒ　bù　xiūxi.
　　　我 不 休息。（私は休まない）
　　　ウオ　ブゥ　シュウシ

　"没" は「～しなかった，していない」のように事実や状態を否定します。

　　　　Wǒ　méi　xiūxi.
　　　我 没 休息。（私は休まなかった／私は休んでいない）
　　　ウオ　メイ　シュウシ

5 疑問の表現

●一般疑問文

日本語の「〜ですか？」とにている表現です。文末に"**吗**"という疑問を示す語気助詞をつけて疑問文にします。

Nǐ hǎo ma?
你 好 吗？（お元気ですか？）
ニー ハオ マ

Tā shì Zhōngguórén ma?
他 是 中国人 吗？（彼は中国人ですか？）
ター シー ジョングオレン マ

●疑問詞疑問文

尋ねたいところに疑問詞を入れ替えて，疑問詞疑問文にします。返答するには，疑問詞のところに答えを入れ替えればいいわけです。

文末の"吗"も要りません。英語のように語順を変えることがありません。

Ménpiào duōshao qián?
门票 多少 钱？（入場券はいくらですか？）
メンピヤオ ドゥオシャオ チエン

Zhè shì shénme?
这 是 什么？（これは何ですか？）
ジョー シー シェンモ

このほか，選択疑問文（A 还是 B?）や反復疑問文（「肯定＋否定」の形で構成）などがあります。

你去不去。
（あなたは行きますか）

Shì yòubian háishi zuǒbian?
是 右边 还是 左边？（右の方ですか，左の方ですかですか？）
シー ヨウビエン ハイシー ズオビエン

すぐに使える！中国語の基本《発音・文法・基本単語》

PART 1

【日常生活の基本単語】

■ 数字

0	零 líng リン		9	九 jiǔ ジウ
1	一 yī イー		10	十 shí シー
2	二 èr アール		11	十一 shíyī シーイー
3	三 sān サン		12	十二 shíèr シーアル
4	四 sì スー		20	二十 èrshí アルシー
5	五 wǔ ウー		21	二十一 èrshíyī アルシーイー
6	六 liù リウ		22	二十二 èrshíèr アルシーアル
7	七 qī チー		33	三十三 sānshísān サンシーサン
8	八 bā バ		99	九十九 jiǔshíjiǔ ジウシージウ

100	一百	
	yìbǎi　イーバイ	
101	一百零一	
	yìbǎilíngyī　イーバイリンイー	
110	一百一十	
	yìbǎiyīshí　イーバイイーシー	
111	一百一十一	
	yìbǎiyīshíyī　イーバイイーシイー	
200	二百	
	èrbǎi　アルバイ	
200	两百	
	liǎngbǎi　リアンバイ	
1000	一千	
	yìqiān　イーチエン	
10000	一万	
	yíwàn　イーワン	

■ 物の数え方

ひとつ	一个	
	yíge　イーゴ	
ふたつ	两个	
	liǎngge　リアンゴ	
みっつ	三个	
	sānge　サンゴ	
よっつ	四个	
	sìge　スーゴ	
いつつ	五个	
	wǔge　ウーゴ	
むっつ	六个	
	liùge　リウゴ	
ななつ	七个	
	qīge　チーゴ	
やっつ	八个	
	bāge　バーゴ	

PART 1　すぐに使える！中国語の基本《発音・文法・基本単語》

19

ここのつ	九个	
	jiǔge ジウゴ	
とお	十个	
	shíge シーゴ	
11個	十一个	
	shíyīge シーイーゴ	
12個	十二个	
	shíèrge シーアルゴ	
100個	一百个	
	yìbǎige イーバイゴ	

■年，月の言い方

1月	一月
	yīyuè イーユエ
2月	二月
	èryuè アルユエ
3月	三月
	sānyuè サンユエ
4月	四月
	sìyuè スーユエ
5月	五月
	wǔyuè ウーユエ
6月	六月
	liùyuè リウユエ
7月	七月
	qīyuè チーユエ
8月	八月
	bāyuè バーユエ
9月	九月
	jiǔyuè ジウユエ

10月	十月 shíyuè シーユエ	来年	明年 míngnián ミンニエン

■ 曜日の言い方

10月	十月 shíyuè シーユエ
11月	十一月 shíyīyuè シーイーユエ
12月	十二月 shíèryuè シーアルユエ
先月	上个月 shànggeyuè シャンゴユエ
今月	这个月 zhègeyuè ジェイゴユエ
来月	下个月 xiàgeyuè シアゴユエ
一昨年	前年 qiánnián チェンニエン
去年	去年 qùnián チュイニエン
今年	今年 jīnnián ジンニエン

月曜日	星期一 xīngqīyī シンチーイー
火曜日	星期二 xīngqīèr シンチーアール
水曜日	星期三 xīngqīsān シンチーサン
木曜日	星期四 xīngqīsì シンチースー
金曜日	星期五 xīngqīwǔ シンチーウー
土曜日	星期六 xīngqīliù シンチーリウ
日曜日	星期天 xīngqītiān シンチーティエン

PART 1 すぐに使える！中国語の基本《発音・文法・基本単語》

日本語	中国語	ピンイン・カナ
一昨日	前天	qiántiān　チェンティエン
昨日	昨天	zuótiān　ズゥオティエン
今日	今天	jīntiān　ジンティエン
明日	明天	míngtiān　ミンティエン
明後日	后天	hòutiān　ホウティエン
先週	上个星期	shànggexīngqī　シャンゴシンチー
今週	这个星期	zhègexīngqī　ジェイゴシンチー
来週	下个星期	xiàgexīngqī　シァーゴシンチー

■ 日, 週, 月, 年の数え方

＜日数＞

1日	一天	yìtiān　イーティエン
2日	两天	liǎngtiān　リアンティエン
3日	三天	sāntiān　サンティエン

＜週＞

1週間	一个星期	yìgexīngqī　イーゴシンチー
2週間	两个星期	liǎnggexīngqī　リアンゴシンチー
3週間	三个星期	sāngexīngqī　サンゴシンチー

<月>

1か月	一个月	yígeyuè イーゴユエ
2か月	两个月	liǎnggeyuè リアンゴユエ
3か月	三个月	sāngeyuè サンゴユエ

<年>

1年	一年	yìnián イーニエン
2年	两年	liǎngnián リアンニエン
3年	三年	sānnián サンニエン

■ 時刻の言い方

1:00	一点	yìdiǎn イーディエン
2:00	两点	liǎngdiǎn リアンディエン
3:00	三点	sāndiǎn サンディエン
4:00	四点	sìdiǎn スーディエン
5:00	五点	wǔdiǎn ウーディエン
6:00	六点	liùdiǎn リウディエン
7:00	七点	qīdiǎn チーディエン
8:00	八点	bādiǎn バーディエン
9:00	九点	jiǔdiǎn ジウディエン

PART 1 すぐに使える！中国語の基本《発音・文法・基本単語》

10:00	十点	shídiǎn　シーディエン
11:00	十一点	shíyīdiǎn　シーイーディエン
12:00	十二点	shíèrdiǎn　シーアルディエン
6:30	六点半	liùdiǎnbàn　リウディエンバン
朝	早晨	zǎochen　ザオチェン
午前	上午	shàngwǔ　シャンウー
正午	中午	zhōngwǔ　ジョンウー
午後	下午	xiàwǔ　シァーウー
夜	晚上	wǎnshang　ワンシャン

■ **家族**

祖父	爷爷	yéye　イエイエ
祖母	奶奶	nǎinai　ナイナイ
祖父（母方）	姥爷	lǎoye　ラオイエ
祖母（母方）	姥姥	lǎolao　ラオラオ
両親	父母	fùmǔ　フームー
父	父亲	fùqīn　フーチン
母	母亲	mǔqīn　ムーチン
こども	孩子	háizi　ハイズ
息子	儿子	érzi　アルズ

娘	女儿	nǚér ニュイアール
兄弟	兄弟	xiōngdì シォンディ
兄	哥哥	gēge ゴーゴ
弟	弟弟	dìdi ディーディ
姉妹	姐妹	jiěmèi ジエメイ
姉	姐姐	jiějie ジエジェ
妹	妹妹	mèimei メイメィ
夫	丈夫	zhàngfu ジャンフ
妻	妻子	qīzi チーズ

■体の部分

頭	头	tóu トウ
	脑袋	nǎodai ナォダイ
顔	脸	liǎn リエン
ほお	脸颊	liǎnjiá リエンジア
眉毛	眉毛	méimao メイマオ
髪の毛	头发	tóufa トウファ
目	眼睛	yǎnjing イエンジン
鼻	鼻子	bízi ビーズ
耳	耳朵	ěrduo アルドゥオ

PART 1 すぐに使える！中国語の基本《発音・文法・基本単語》

口	嘴 zuǐ ズゥイ	
唇	嘴唇 zuǐchún ズゥイチュン	
歯	牙齿 yáchǐ ヤチ	
首	脖子 bózi ボーズ	
肩	肩膀 jiānbǎng ジェンバン	
背中	后背 hòubèi ホウベイ	
胸部	胸 xiōng ション	
	胸部 xiōngbù ションブゥ	
腰	腰 yāo ヤオ	
腹	肚子 dùzi ドゥズ	
腕	胳膊 gēbo ゴーボ	
尻	屁股 pìgu ピーグゥ	
	臀部 túnbù トゥンブゥ	
脚（くるぶしから足のつけ根まで）	腿 tuǐ トゥイ	
手	手 shǒu ショウ	
足（くるぶしから先の部分）	脚 jiǎo ジアオ	

腿 → 脚

■人称代名詞

■第一人称

私	我
	wǒ　ウオ
私たち	我们
	wǒmen　ウオメン

■第二人称

あなた	你
	nǐ　ニー
あなた（ていねいな言い方）	您
	nín　ニン
あなたがた	你们
	nǐmen　ニーメン

■第三人称

彼	他
	tā　ター
彼女	她
	tā　ター
彼ら	他们
	tāmen　ターメン
彼女ら	她们
	tāmen　ターメン

■「こ・そ・あ・ど」

これ	这
	zhè　ジョー
これ	这个
	zhège　ジェイゴ
これら	这些
	zhèxiē　ジェイシエ
ここ	这儿
	zhèr　ジョアル
あれ，それ	那
	nà　ナー
あれ，それ	那个
	nàge　ネイゴ
あれら	那些
	nàxiē　ネイシエ
あそこ	那儿
	nàr　ナール
どれ	哪
	nǎ　ナー
どれら	哪些
	nǎxiē　ネイシエ
どこ	哪儿
	nǎr　ナール

■ 数を数える単位 〈量詞〉

中国語は数を数える単位がとても多いのも特徴です。

他の品詞と組み合わせるときの位置は，「数詞の後，名詞の前」と覚えておきましょう。そして名詞の前に量詞があったら，日本語の「の」に相当する「的」は不要です。

个 ge [ゴ]
　広く一般に使います。

本 běn [ベン]
　書籍などを数える。日本語の「冊」に相当。

张 zhāng [ジャン]
　紙などを数える。日本語の「枚」に相当。

支 zhī [ジ]
　細い棒状のものを数える。

把 bǎ [バ]
　柄のついたものを数える。

条 tiáo [ティヤオ]
　細長いものを数える。

只 zhī [ジー]
　小動物や虫を数える。

头 tóu [トウ]
　大型動物を数える。

匹 pǐ [ピー]
　馬やラクダを数える。

辆 liàng [リヤン]
　車などの乗り物を数える。

封 fēng [フォン]
　手紙・電報などを数える。

位 wèi [ウェイ]
　人のていねいな数え方。

PART 2
すぐに話せる！中国語の頭出しパターン 15

1.「A は B です」

$$A + \underset{シー}{\overset{shì}{是}} + B。$$

■「…は〜です」と言うときのパターン

是 は「A が B です」ということの判断（肯定の）を表す動詞。
「私は日本人です」を英語で言うと *I am Japanese.* この *am* などの be 動詞に似ている使い方と考えるとわかりやすいでしょう。

例文で使い方をマスターしましょう！

□ 私は鈴木です。

Wǒ　shì　Língmù.
我 是 铃木。
ウオ　シー　リンムゥ

□ 彼は人気歌手です。

Tā　shì　hónggēxīng
他 是 红歌星。
ター　シー　ホンガーシン

□ 私はビジネスマンです。

Wǒ　shì　shāngrén.
我 是 商人。
ウオ　シー　シャンレン

□ これは漢方薬です。

Zhè　shì　zhōngyào.
这 是 中药。
ジョー　シー　ジョンヤオ

（疑問文については P.17 参照。）

2.「〜がほしい」「〜をください」

Wǒ	xiǎng	yào
我	想	要 ~。
ウオ	シアン	ヤオ

■「〜がほしい」と言うときのパターン

　自分のほしい物や，買物で「〜をください」と頼むときなどに使う頭出し表現です。"~" には，「ほしいもの」が入ります。

　英語で言えば *I'd like ~.* です。

例文で使い方をマスターしましょう！

□ これをください。

Wǒ xiǎng yào zhège.
我 想 要 这个。
ウオ シアン ヤオ ジェイゴ

□ 水を一杯ほしいのですが。

Wǒ xiǎng yào yìbēishuǐ.
我 想 要 一杯水。
ウオ シアン ヤオ イーベイシュウエイ

□ これを5つください。

Wǒ xiǎng yào wǔge.
我 想 要 五个。
ウオ シアン ヤオ ウーガ

□ 診断書がほしいのですが。

Wǒ xiǎng yào zhěnduànshū.
我 想 要 诊断书。
ウオ シアン ヤオ ジェンドゥアンシュー

3.「…したい」

我 想 ~。
Wǒ xiǎng
ウオ シアン

■自分のしたいことを言うときのパターン

このパターンは，「見たい」「買いたい」「予約したい」など「～したい」という自分の希望や願望を言うときに使います。"~" には，「したいこと」が入ります。英語の *I'd like to ~.* に相当します。

例文で使い方をマスターしましょう！

□ 水餃子が食べたい。

我 想 吃 水饺。
Wǒ xiǎng chī shuǐjiǎo.
ウオ シアン チー シュウェイジアオ

「～したくない」は
我不想～。

□ トイレに行きたいのですが。

我 想 去 洗手间 。
Wǒ xiǎng qù xǐshǒujiān.
ウオ シアン チュイ シィショウジィエン

□ 切手を買いたいのですが。

我 想 买 邮票。
Wǒ xiǎng mǎi yóupiào.
ウオ シアン マイ ヨウピャオ

□ 中国美術館に行きたいのですが。

我 想 去 中国 美术馆。
Wǒ xiǎng qù zhōngguó měishùguǎn.
ウオ シアン チュイ ヂョングオメイシュウグワン

4.「…はありますか？」

Yǒu méiyǒu ~ ?	有 ~ 吗 ?
有 没有 ~ ?	Yǒu ~ ma?
ヨウ メイヨウ	ヨウ マ

■「あるかどうか」聞くときのパターン

このパターンは，買い物やレストランで，「自分がほしいものがあるかどうか」をたずねるときに使います。"~"には，「ほしいもの」などが入ります。
英語で言えば *Do you have ~?* です。

例文で使い方をマスターしましょう！

□ 公衆電話はありますか？

有 没有 公用 电话？
Yǒu méiyǒu gōngyòng diànhuà?
ヨウ メイヨウ ゴンヨン デイエンホア

（反復疑問文 P.17参照）

□ ご予約はありますか？

有 没有 预订？
Yǒu méiyǒu yùdìng?
ヨウ メイヨウ ユイディン

□ 空席はありますか？

有 没有 空 位子？
Yǒu méiyǒu kòng wèizi?
ヨウ メイヨウ コン ウェイズ

□ 食欲はありますか？

有 没有 食欲？
Yǒu méiyǒu shíyù?
ヨウ メイヨウ シーユイ

5.「～してもいいですか？」

可以 ～ 吗？
Kěyǐ　　　ma?
コーイー　　マ

■自分のしたいことの許可を得るときのパターン

このパターンは、「ここに座ってもいいですか？」というように、「～してもいいですか？」と自分の行動の許可を相手に求めるときの表現です。"~"には、「したいこと」が入ります。英語で言えば、*May I ~?* です。

例文で使い方をマスターしましょう！

□ 窓を開けてもいいですか？

可以 开 窗户 吗？
Kěyǐ　kāi　chuānghu　ma?
コーイー　カイ　チュアンフ　マ

□ 座ってもいいですか？

可以 坐在 这儿 吗？
Kěyǐ　zuòzài　zhèr　ma?
コーイー　ズゥオザイ　ジョアル　マ

□ タバコを吸ってもいいですか？

可以 吸烟 吗？
Kěyǐ　xīyān　ma?
コーイー　シーイエン　マ

□ 入ってもいいですか？

可以 进去 吗？
Kěyǐ　jìnqu　ma?
コーイー　ジンチュイ　マ

6.「～することができますか？」

Néng ～ ma?
能 ～ 吗？
ノン   マ

■「～することができますか？」と可能性を聞くときのパターン

「ここで切符を買うことができますか？」とか「そこへバスで行くことができますか？」というように，自分の希望がかなうかどうか（能力・条件の上から）を聞くときに使います。"～"には，「したいこと」が入ります。

例文で使い方をマスターしましょう！

□ 値引きできますか？

Néng piányi yìdiǎnr ma?
能 便宜 一点儿 吗？
ノン ピエンイ イーディエンル マ

□ ここからそこへ歩いて行けますか？

Néng cóng zhèli zǒuzhe qù ma?
能 从 这里 走着 去 吗？
ノン ツォン ジョーリー ゾウジョア チュイ マ

□ これを持ち帰ることはできますか？

Néng bǎ zhège dài huíqu ma?
能 把 这个 带 回去 吗？
ノン バー ジェイゴ ダイ ホエチュイ マ

□ トラベーズ・チェックで支払えますか？

Néng yòng lǚxíng zhīpiào fùkuǎn ma?
能 用 旅行 支票 付款 吗？
ノン ヨン リュイシン ジーピャオ フークアン マ

7.「～してもらえますか？」

Nǐ	néng	～	ma?
你	能	～	吗？
ニー	ノン		マ

■相手にものを頼むときのパターン

　この表現は「教えてもらえますか？」というように，「～してもらえますか？」と相手にものを頼むときに使います。"~"には，「してもらいたいこと」が入ります。英語の *Would you ~?* に相当します。

例文で使い方をマスターしましょう！

☐ 来てもらえますか？

Nǐ néng lái yíxià ma?
你 能 来 一下 吗？
ニー ノン ライ イーシア マ

☐ 私に中国語を教えてもらえますか？

Nǐ néng jiāo wǒ shuō Hànyǔ ma?
你 能 教 我 说 汉语 吗？
ニー ノン ジャオ ウオ シュオ ハンユイ マ

☐ 荷物を持ってもらえますか？

Nǐ néng bāng wǒ ná yíxià xíngli ma?
你 能 帮 我 拿 一下 行李 吗？
ニー ノン バン ウオ ナー イーシア シーンリー マ

☐ コピーをとってもらえますか？

Nǐ néng tì wǒ fùyìn ma?
你 能 替 我 复印 吗？
ニー ノン ティ ウオ フーイン マ

8.「どうぞ〜（してください）」

Qǐng
请 〜。
チン

■ていねいな命令の表現をするときのパターン

请 は「頼む, お願いする」という意味。相手に何かをお願いするときやすすめるときのことばです。"〜" には依頼の内容が入ります。英語の *Please 〜?* に相当します。

例文で使い方をマスターしましょう！

☐ チェックインをお願いします。

Qǐng bànlǐ zhùsù.
请 办理 住宿。
チン バンリー ジュウス

☐ ちょっとお待ちください。

Qǐng děng yíxiàr.
请 等 一下儿。
チン ドン イーシアル

☐ もう一枚お願いします。

Qǐng zài zhào yì zhāng.
请 再 照 一 张。
チン ザイ ジャオ イー ジャン

☐ これを細かくしてください。

Qǐng huànchéng língqián.
请 换成 零钱。
チン ホワンチュヨン リンチエン

9.「私に～（して）ください」

Qǐng gěi wǒ
请 给 我 ～。
チン ゲイ ウオ

■頼みごとやものをもらったりするときのパターン

「手紙をください」というように，相手に頼み事をするときやものをもらったりするときのパターンです。"～"には，「ほしい物やしてほしいこと」が入ります。请给我 の後には，名詞も動詞も使える便利な表現です。

例文で使い方をマスターしましょう！

□ 私に手紙をください。

Qǐng gěi wǒ láixìn.
请 给 我 来信。
チン ゲイ ウオ ライシン

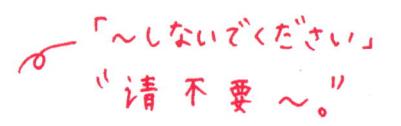

「～しないでください」
"请不要～。"

□ 私に電話をかけてください。

Qǐng gěi wǒ dǎ diànhuà.
请 给 我 打 电话。
チン ゲイ ウオ ダー ディエンホワ

□ 私にメニューを見せてください。

Qǐng gěi wǒ kànkan càidān.
请 给 我 看看 菜单。
チン ゲイ ウオ カンカン ツァイダン

□ 例を示してください。

Qǐng gěi wǒ jǔ ge lìzi.
请 给 我 举 个 例子。
チン ゲイ ウオ ジュイ ゴ リーズ

10.「～させてください」

Qǐng ràng wǒ
请 让 我 ～。
チン ラン ウオ

■「～させてください」とお願いするときのパターン

「私に試させてください」というように，「私に～させてください」と相手にお願いしたり，頼むときに使います。

请 は「どうか～してください」，让 は「～にさせる」の意味です。

例文で使い方をマスターしましょう！

□ 試させてください。

Qǐng ràng wǒ shìshi kàn.
请 让 我 试试 看。
チン ラン ウオ シーシー カン

"不让"は「～させない」という意味。

□ 行かせてください。

Qǐng ràng wǒ qù ba.
请 让 我 去 吧。
チン ラン ウオ チュイ バ

□ 手伝わせてください。

Qǐng ràng wǒ lái bāngzhù nǐ ba.
请 让 我 来 帮助 你 吧。
チン ラン ウオ ライ バンジュウ ニー バ

□ 払わせてください。

Qǐng ràng wǒ fùkuǎn.
请 让 我 付款。
チン ラン ウオ フークワン

11.「〜したことがありますか？」

Nǐ　　　guo　　ma?
你 ...过 ~ 吗 ?
ニー　　グオ　　　マ

■ 過去の経験を聞くときのパターン

「食べたことがありますか」というように，相手に過去の経験を聞くときのパターンです。動詞の後に経験の助詞 "过" を付けて表します。英語の *Have you ever ~?* に相当します。

例文で使い方をマスターしましょう！

□ あなたは日本へ行ったことがありますか？

Nǐ　qùguo　Rìběn　ma?
你 去过 日本 吗？
ニー　チュイグオ　ルィベン　マ

「〜したことがない」は "没 [動詞] 过"

□ あなたは刺身を食べたことがありますか？

Nǐ　chīguo　shēngyúpiàn　ma?
你 吃过 生鱼片 吗？
ニー　チーグオ　シュヨンユイピエン　マ

□ あの映画を見たことがありますか？

Nǐ　kànguo　nà　bù　diànyǐng　ma?
你 看过 那 部 电影 吗？
ニー　カングオ　ネイ　ブゥ　ディエンイン　マ

□ 日本酒を飲んだことありますか？

Nǐ　hēguo　Rìběnjiǔ　ma?
你 喝过 日本酒 吗？
ニー　ホーグオ　ルィベンジウ　マ

12.「私は〜できます」

Wǒ huì
我 会 〜。
ウオ ホェイ

■ 練習で得た能力の「できる」場合のパターン

「できる」の可能を表す助動詞には，能 と 可以 のほかに 会 も使われます。ただし，この 会 は練習で得た能力の「できる」場合に使います。
相手にたずねるときには，你 会 〜 吗? のパターンを使います。

例文で使い方をマスターしましょう！

□ 私はこの料理が作れます。

Wǒ huì zuò zhè dàocài
我 会 做 这 道 菜。
ウオ ホェイ ズォウ ジョー ダオツァイ

「〜できません」は
"我不会〜。"

□ 私は二胡が弾けます。

Wǒ huì lā èrhú.
我 会 拉 二 胡。
ウオ ホェイ ラー アルフー

□ 私は車を運転できます。

Wǒ huì kāichē.
我 会 开 车。
ウオ ホェイ カイチョー

□ 私は日本語が話せます。

Wǒ huì shuō Rìyǔ.
我 会 说 日 语。
ウオ ホェイ シュオ ルィユイ

13. 疑問詞・質問パターン①

什么时候，哪儿，谁，什么
シェンモ シィホウ　ナール　　シュイ　シェンモ
「いつ」　　　「どこで」「だれが」「何」

■ 具体的な答えを求めるパターン

〈いつ？〉〈どこ？〉〈だれ？〉〈何？〉と，具体的にものを尋ねたり，質問したりするときに使う表現です。このような疑問詞が用いられる疑問文では文末に「**吗**」はつけません。中国語では平叙文の聞きたいところに"疑問詞"を置けばよいのです。

例文で使い方をマスターしましょう！

□ あの人は誰ですか？

Nàgerén　　shì　　shéi?
那个人 是 谁？
ナーゴレン　　シー　シェイ

□ これは何ですか？

Zhè　shì　shénme?
这 是 什么？
ジョー シー シェンモ

□ あなたはいつ行くのですか？

Nǐ　shénme　shíhou?　qù
你 什么 时候 去？
ニー　シェンモ　シィホウ　チュイ

□ あなたはどこへ行くのですか？

Nǐ　qù　nǎr?
你 去 哪儿？
ニー　チュイ　ナール

14. 疑問詞・質問パターン②

哪个，哪，怎么，为什么
ネイゴ　　ネイ　　ゼンモ　　ウエイ　シェンモ
「どれ」　「どの」「どのように」「なぜ」

■ 具体的な答えを求めるパターン

〈どれ？〉〈どの？〉〈どのように？〉〈なぜ？〉と選択や方法，理由などを具体的に聞くときに使う表現です。このような疑問詞が用いられる疑問文では文末に「吗」はつけません。中国語では平叙文の聞きたいところに"疑問詞"を置けばよいのです。

例文で使い方をマスターしましょう！

□ どれがほしいですか？

Nǐ xiǎng yào nǎge?
你 想 要 哪个？
ニー シアン ヤオ ネイゴ

□ どの料理がいちばん好きですか？

Nǐ zuì'ài chī nǎ dàocài?
你 最爱 吃 哪 道菜？
ニー ズェイアイ チー ナー ダオツァイ

□ あの字はどのように書くのですか？

Nàge zì zěnme xiě?
那个 字 怎么 写？
ナーゴ ズー ゼンモ シィェ

□ 彼はなぜ機嫌がよくないのですか？

Tā wèi shénme bù gāoxìng?
他 为 什么 不 高兴？
ター ウエイ シェンモ ブゥ ガオシン

43

15. 数字についてたずねるとき

几 ~ ？ （jǐ / ジィ） / 多少 ~ ？ （duōshao / ドゥオシャオ） など

■「金額」や「人数」などを質問するときのパターン

〈何時？〉〈いくら？〉〈何人？〉〈何？〉というように，時間や金額や人数などを 几 と 多少 の疑問詞を使って表現します。
◇ 几 は少ない数を予想して聞くときに使います。（家族や日付など）
◇ 多少 は多い数を予想して聞くとき。（物の値段など）

例文で使い方をマスターしましょう！

□ 今は何時ですか？

现在 几 点？
Xiànzài jǐ diǎn?
シェンザイ ジィ ディエン

□ これはいくらですか？

这个 多少 钱？
Zhège duōshao qián?
ジェイゴ ドゥオシャオ チエン

□ ご家族は何人ですか？

你 家 有 几口人？
Nǐ jiā yǒu jǐkǒurén?
ニー ジャー ヨウ ジィコウレン

→ 「5人です」
我家有五口人。
ウォ ジャーヨウ ウーコウレン

□ 今日は何月何日ですか？

今天 几 月 几 号？
Jīntiān jǐ yuè jǐ hào?
ジンティエン ジィ ユエ ジィ ハオ

PART 3
すぐに話せる！
よく使う中国語の基本・日常表現

1课 日常のあいさつ①

ショート対話

□ A: こんにちは。 / こんにちは。（ていねいな言い方）

Nǐ hǎo!　　　　　　Nín hǎo!
你 好！ / 您 好！
ニー ハオ　　　　　ニン ハオ

□ B: こんにちは。 /（相手が複数の場合）

Nǐ hǎo!　　　　　　Nǐ men hǎo!
你 好！ / 你 们 好！
ニー ハオ　　　　　ニー メン ハオ

□ A: 忙しいですか？（「あいさつ」の意味）

Nǐ máng ma?
你 忙 吗？
ニー マン マ

□ B: 忙しいです。 / それほど忙しくないです。

Hěn máng.　　　　　Bú tài máng.
很 忙。 / 不 太 忙。
ヘン マン　　　　　ブゥ タイ マン

関連表現・事項

■ 中国で多い姓

中国で多い姓は，李（＝リ）さん，王（＝ワン）さん，陈（陳＝チエン）さん，张（張＝ジャン）さん，杨（楊＝ヤン）さん，黄（＝ホアン）さんなど。

お互いの名前は書いて渡すようにするといいですね。

すぐに使えるフレーズ

☐ おはようございます。

Zǎoshang hǎo.　　Nǐ zǎo!
早上好。／你早！
ザオシャン ハオ　　ニー ザオ

Shangは軽声
軽く読みましょう。

☐ こんばんは。

Wǎnshang hǎo.
晚上好。
ワンシャン ハオ

☐ A: お元気ですか？

Nǐ hǎo ma?
你好吗？
ニー ハオ マ

☐ B: 元気です。あなたは？

Hěn hǎo. Nǐ ne?
很好。你呢？
ヘン ハオ ニー ナ

☐ A: まあまあです。

Hái hǎo.　　　Hái kěyǐ.
还好。／还可以。
ハイ ハオ　　　ハイ コーイー

☐ お久しぶりです。

Hǎojiǔ bú jiàn le.
好久不见了。
ハオジィウ ブゥ ジエン ラ

2课 日常のあいさつ②

ショート対話

□ A: さようなら。

Zàijiàn.
再见。
ザイジエン

□ B: さようなら。

Zàijiàn.
再见。
ザイジエン

― iとnにはさまれた"a"は「エ」と発音

□ A: また明日。

Míngtiān jiàn!
明天 见!
ミンティエン ジエン

□ B: ご苦労さま。／お疲れさまでした。

Xīnkǔ le.
辛苦 了。
シンクゥ ラ

関連表現・事項

A: 最近仕事は忙しいですか。

Zuìjìn gōngzuò máng ma?
最近 工作 忙 吗?
ズェイジン ゴンズゥオ マン マ

B: 忙しいです。／ 忙しくありません。

Hěn máng. Bù máng.
很 忙。 ／ 不 忙。
ヘン マン ブゥ マン

すぐに使えるフレーズ

□ また後で。

Yíhuìr jiàn.
一会儿 见。
イー ホイール ジエン

□ お先に失礼します。

Wǒ xiān zǒu le.
我 先 走 了。
ウオ シエン ゾウ ラ

□ おやすみなさい。

Wǎn'ān.
晚安。
ワンアン

□ お気をつけて。

Mànzǒu.
慢走。
マンゾウ 　「ゆっくり行く」の意味。

□ よいご旅行を。

Yílù píng'ān.
一路平安。
イールーピンアン

□ バイバイ。

Báibái.
拜拜。
バイバイ

PART 3 すぐに話せる！よく使う中国語の基本・日常表現

3课 「お礼」「祝い」のことば

ショート対話

□ A: ありがとう！
Xièxie!
谢谢！
シエシエ

□ B: どういたしまして。
Bú kèqi.
不客气。
ブゥ コーチー 「遠慮する」

□ A: プレゼントをありがとう。
Xièxie nǐ de lǐwù.
谢谢你的礼物。
シエシエ ニー ダ リーウー

□ B: どういたしまして。
Búxiè!
不谢！
ブーシエ

関連表現・事項

■谢谢你～。

「～をありがとう」と，特定の"～"についてのお礼や感謝をしたいときの表現。英語の Thank you for ～. のパターンに相当します。

「見送りに来てくれてありがとう」
Xièxie nǐ lái sòngxíng.
谢谢你来送行。
シエシエ ニー ライ ソンシン

すぐに使えるフレーズ

☐ ほんとうにありがとう。

Fēicháng gǎnxiè! / Tài xièxie nǐ le
非常 感谢！ / 太 谢谢 你 了。
フェイチャン ガンシエ　　　　タイ シエシエ ニー ラ
　　　　　　　　　　　　　　　　「とても」

☐ 教えてくださってありがとうございました。

Xièxie nǐ de zhǐjiào.
谢谢 你 的 指教。
シエシエ ニー ダ ジージアオ

☐ ご好意に感謝します。

Xièxie nǐ de hǎoyì.
谢谢 你 的 好意。
シエシエ ニー ダ ハオイー

【祝う】

☐ おめでとうございます。

Gōngxǐ gōngxǐ.
恭喜，恭喜。
ゴンシィ ゴンシィ

☐ お誕生日おめでとうございます。

Zhù nǐ shēngri kuàilè.
祝 你 生日 快乐。
ジュウ ニー シュヨンルィ クワイラー

☐ 新年おめでとうございます。

xīnnián hǎo!
新年 好！
シンニエン ハオ

4课 おわびのことば

ショート対話

□ A: ごめんなさい。

对不起。
Duìbuqǐ.
ドゥイブゥチィ

（不 を丸で囲む）← 軽声 弱く読む

□ B: 大丈夫です。

没 事儿。
Méi shìr.
メイ シュアール

□ A: 遅くなってごめんなさい。

对不起, 我 来晚 了。
Duìbuqǐ, wǒ láiwǎn le.
ドゥイブゥチィ ウオ ライワン ラ

□ B: 気にしないで。

没 关系。
Méi guānxi.
メイ グワンシィ

――「どういたしまして」に近い。

関連表現・事項

「申し訳ありませんが、あいにく私は都合が悪いです」

对不起, 我 刚巧 没空。
Duìbuqǐ, wǒ gāngqiǎo méikòng.
ドゥイブゥチィ ウオ ガンチアオ メイコン

相手にわびる気持ちを表します。
ていねいにたずねるときの呼びかけとしても。

すぐに使えるフレーズ

□ お許しください。

请 原谅。
Qǐng yuánliàng.
チン　ユエンリヤン

□ すいませんが，おいとまさせていただきます。

对不起，我要走了。
Duìbuqǐ, wǒ yào zǒu le.
ドゥイブゥチィ　ウオ　ヤオ　ゾウ　ラ

□ すみません，はっきり聞き取れませんでした。

对不起，我没听清。
Duìbuqǐ, wǒ méi tīng qīng.
ドゥイブゥチィ　ウオ　メイ　ティン　チン

【おわびに応えて】

□ 問題ありません。

没问题。
Méi wèntí.
メイ　ウエンティ

――「大丈夫ですよ」の意味。

□ 気にしないで。（なんでもないです。）

没关系。
Méi guānxi.
メイ　グワンシイ

□ 大丈夫です。

没事儿。
Méi shìr.
メイ　シュアール

5课 はい，いいえ

役に立つ表現

□ はい，（もっています）。

Yǒu.
有。
ヨウ

□ いいえ，（もっていません）。

Méiyǒu.
没有。
メイヨウ

□ いいです。

Kěyǐ.
可以。
コーイー

□ だめです。

Bù kěyǐ.
不 可以。
ブゥ コーイー

関連表現・事項

■ 呼びかけ

「ちょっとすみません」　　Duìbuqǐ.
　　　　　　　　　　　　对不起。［ドゥイブゥチイ］

「ちょっとすみません」　　Láojià.
（店員などに声をかける）　**劳驾。**［ラオジア］

すぐに使えるフレーズ

☐ はい，そうです。

Shì.
是。
シー

☐ いいえ，違います。

Bú shì.
不 是。
ブゥ シー

"不"と"一"は後につく文字の声調により変化する。

☐ よろしい。/結構です。

Xíng.
行。
シン

☐ いけません。

Bùxíng.
不行。
ブゥシン

☐ そのとおりです。

Duì.
对。
ドゥイ

☐ ちがいます。

Bú duì.
不 对。
ブゥ ドゥイ

☐ 了解です。

Hǎo de.
好 的。
ハオ ダ

PART 3

すぐに話せる！よく使う中国語の基本・日常表現

6课 感情を伝える

役に立つ表現

□ とても感動した。

Tài gǎndòng le.
太 感动 了。
タイ ガンドン ラ

□ 楽しかった。

Zhēn kāixīn.
真 开心。
ジェン カイシン

「とっても」

□ とてもうれしいです。

Hěn gāoxìng.
很 高兴。
ヘン ガオシン

関連表現・事項

◇ おじゃまします。

Dǎ jiǎo le.
打 搅 了。
ダー ジァオ ラ

◇ お手数かけました。

Máfan nǐ le.
麻烦 你 了。
マアファン ニー ラ

◇ 恐れ入ります。

Bù gǎn dāng.
不 敢 当。
ブゥ ガン ダン

すぐに使えるフレーズ

☐ やったあ！

Zhēn bàng!
真 棒！
ジェン バン

☐ おもしろい。

Zhēn yǒu yìsi.
真 有 意思。
ジェン ヨウ イース

☐ 良かった。

Hǎo jí le.
好 极 了。
ハオ ジィ ラ

☐ すてき。

Zhēn hǎo kàn.
真 好 看。
ジェン ハオ カン

☐ とても珍しいですね。

Zhēn shǎojiàn.
真 少 见。
ジェン シャオジエン

☐ かわいそう。

Zhēn kělián.
真 可 怜。
ジェン コーリェン

PART 3 すぐに話せる！よく使う中国語の基本・日常表現

□ すごい！

<small>Liǎo buqǐ!</small>
了不起！
リャオ ブゥチイ

□ がっかり。

<small>Zhēn sǎoxìng</small>
真扫兴。
ジェン サォシン

□ がんばれ！

<small>Jiāyóu!</small>
加油！
ジャーヨー

□ 素晴らしい。

<small>Tài hǎo le.</small>
太好了。
タイ ハオ ラ

□ とっても美しいですね。

<small>Zhēn piàoliang!</small>
真漂亮！
ジェン ピャオリヤン 「美しい」

□ 私は楽しい。

<small>Wǒ hěn yúkuài.</small>
我很愉快。
ウオ ヘン ユイクワイ

□ 残念。

Zhēn yíhàn!
真 遗 憾！
ジェン イーハン

□ 私はこわい（です）。

Wǒ hěn hàipà.
我 很 害怕。
ウオ ヘン ハイパー

□ こわい。

Zhēn kěpà.
真 可怕。
ジェン コーパー

□ 悲しい。

Hěn bēi.
很 悲。
ヘン ベイ

□ ほんとうに惜しい。

Zhēn kěxī.
真 可惜。
ジェン コーシー

7课 自宅に招待する［される］

ショート対話

□ A: こんにちは。

你 好。
Nǐ hǎo.
ニー ハオ

□ B: こんにちは。いらっしゃい。入って, 入って！

你 好。欢迎 欢迎。请 进！请 进！
Nǐ hǎo. Huānyíng huānyíng. Qǐng jìn! Qǐng jìn!
ニー ハオ ホワンイン ホワンイン チン ジン チン ジン

□ A: お招きいただいてありがとう。

承 您 招待 非常 感谢。
Chéng nín zhāodài fēicháng gǎnxiè.
チョン ニン ジャオダイ フェイチャン ガンシエ

関連表現・事項

□ あなたと一緒に夕食をすることができてとてもうれしいです。

非常 高兴 能 和 你 共进 晚餐。
Fēicháng gāoxìng néng hé nǐ gòngjìn wǎncān.
フェイチャン ガオシン ノン ホー ニー ゴンジン ワンツァン
〜してとてもうれしい / ができる / と / あなた / 一緒に / 夕食

すぐに使えるフレーズ

□ これは日本のお土産です。

Zhè shì Rìběn de tèchǎn.
这 是 日本 的 特产。
ジョー シー ルィベン ダ トーチャン

□ 気に入るといいのですが。

Xīwàng nín néng xǐhuan.
希望 您 能 喜欢。
シーワン ニン ノン シーホアン

□ どうぞ座ってください。

Qǐng zuò!
请 坐！
チン ズゥオ

□ すばらしい部屋ですね。

Hǎo piàoliang de fángjiān.
好 漂亮 的 房间。
ハオ ピアオリアン ダ ファンジエン

□ これは何という料理ですか？

Zhè shì shénme cài.
这 是 什么 菜？
ジョー シー シェンモ ツァイ

□ とっても（食べて）おいしいです。／とっても（飲んで）おいしいです。

Hěn hǎo chī.　　　　Hěn hǎo hē
很 好 吃。　／　很 好 喝。
ヘン ハオ チー　　　　ヘン ハオ ホー

「食べておいしい」　　　「飲んでおいしい」

PART 3　すぐに話せる！よく使う中国語の基本・日常表現

□ A: おかわりはいかがですか？

Zài lái yìdiǎnr zěnmeyàng?
再来一点儿 怎么样？
ザァイライ イーディエンル ゼンモヤン

□ B: いただきます。

Hǎo de xièxie.
好的 谢谢。
ハオ ダ シエシエ

□ C: ありがとう。でも，もうお腹がいっぱいです。

Xièxie. Wǒ yǐjīng chīde hěnbǎo le.
谢谢。我已经吃得很饱了。
シエシエ ウオ イージン チーダ ヘンバオ ラ

「満腹」の意味。

□ ごちそうさま。

Xièxie nǐ de kuǎndài.
谢谢你的款待。
シエシエ ニー ダ クァンダイ

□ 楽しいひと時でした。

Guò de zhēn yúkuài.
过得真愉快。
グオ ダ ジェン ユイクワイ

□ 私はもう行かなければなりません。

Wǒ xiànzài děi zǒu le.
我现在得走了。
ウオ シエンザイ デイ ゾウ ラ

「〜しなければならない」
"得 + 動詞"のパターン

「行く」

□ そろそろ行かなくては。

Wǒ gāi zǒu le.
我 该 走 了。
ウオ ガイ ゾウ ラ
「そろそろ」

□ A: もう遅いですから、そろそろおいとまします。

Shíjiān bù Zǎo le, wǒ gāi gàocí le.
时间 不 早 了，我 该 告辞 了。
シージエン ブゥ ザオ ラ ウオ ガイ ガオツー ラ

□ B: 遅くないですよ。もう少しゆっくりしていってください。

Bù wǎn bù wǎn, zài zuò huìr.
不 晚 不 晚，再 坐 会儿。
ブゥ ワン ブゥ ワン ザイ ズゥオ ホゥアル

□ とても楽しかったです。

Hěn kāixīn.
很 开心。
ヘン カイシン

□ 今日はどうもありがとう。

Jīntiān zhēn shì xièxie nín le.
今天 真 是 谢谢 您 了。
ジンティエン ジェン シー シエシエ ニン ラ

8课 天気

ショート対話

□ A: 明日の天気はどうですか？

Míngtiān　Tiānqì　zěnmeyàng?
明天　天气　怎么样？
ミンティエン ティエンチイ ゼンモヤン

□ B: 雨が降りそうですね。

Kàn Shàngqu　yào　xiàyǔ.
看上去　要　下雨。
カン シャンチュイ ヤオ シアーユイ

□ A: 今日は寒くないですか？

Jīntiān　lěng　ma?
今天　冷　吗？
ジンティエン ロン マ

□ B: 今日は昨日より暖かいです。

Jīntiān　bǐ　zuótiān　nuǎnhuo.
今天　比　昨天　暖和。
ジンティエン ビー ズゥオティエン ヌワンフオ

A + 比 + B + 形容詞
「AはBよりも〜だ」

関連表現・事項

□ 今日はきのうと同じように寒い。

Jīntiān　hé　[gēn]　zuótiān　yíyàng　lěng.
今天　和 [跟] 昨天　一样　冷。
ジンティエン ホー [ゲン] ズゥオティエン イーヤン ロン
今日　と　　　　　昨日　同じ　寒い

形容詞

すぐに使えるフレーズ

☐ 雨が降ってきた。

xiàyǔ le.
下雨了。
シアーユイ ラ

☐ 今日は暑くありません。

Jīntiān bú rè.
今天不热。
ジンティエン ブゥ ルー

☐ いいお天気ですね。

Tiānqì zhēnhǎo.
天气真好。
ティエンチー ジェンハオ

☐ 今日，雨だそうです。

Tīngshuō jīntiān yào xiàyǔ.
听说今天要下雨。
ティンシュオ ジンティエン ヤオ シアーユイ

「〜だそうです」I hear (that) 〜.

☐ 私はちょっと暑いと思います。

Wǒ juéde yǒudiǎnr rè.
我觉得有点儿热。
ウオ ジュエダ ヨウディアール ルー

英語の I feel (that) 〜. に相当。

☐ 今日はむし暑いと感じる。

Wǒ juéde jīntiān hěn mēnrè.
我觉得今天很闷热。
ウオ ジュエダ ジンティエン ヘン メンルー

9课 自己紹介する / 挨拶をする

ショート対話

☐ A: こんにちは。/ はじめまして。

你 好。
Nǐ hǎo.
ニー ハオ

☐ B: こんにちは。/ はじめまして。

您 好。
Nín hǎo.
ニン ハオ

☐ B: お会いできてうれしいです。

能 认识 您, 很 高兴。
Néng rènshi nín, hěn gāoxìng.
ノン レンシー ニン ヘン ガオシン

「知り合いになる」

関連表現・事項

☐ こちらは山田さんです。(男性)

这 是 山田 先生。
Zhè shì shān tián xiānsheng.
ジョー シー シャンティエンシェンション

☐ これは私の名刺です。

这 是 我 的 名片。
Zhè shì wǒ de míngpiàn.
ジョー シー ウオ ダ ミンピエン

すぐに使えるフレーズ

□ **はじめまして。私は高橋 愛です。**

Chūcì jiànmiàn, wǒ jiào gāoqiáo ài.
初次 见面，我 叫 高桥 爱。
チュウツー ジエンミエン　ウオ　ジアオ　ガオチアオ　アイ

☞ "叫"の後ろに続くのはフルネームあるいはファーストネーム。名字（姓）だけいってはいけない。姓だけを伝えるときは，"私 姓 + 名字"。

□ **どうぞよろしく。**

Qǐng duō guānzhào.
请 多 关照。
チン　ドゥオ　グワンジアオ　「お世話する」

□ **A: あなたは日本人ですか？**

Nǐ shì Rìběnrén ma?
你 是 日本人 吗？
ニー　シー　ルィベンレン　マ

□ **B: はい，私は日本人です。**

Duì, wǒ shì Rìběnrén.
对，我 是 日本人。
ドゥイ　ウオ　シー　ルィベンレン

□ **A: あなたは中国人ですか？**

Nǐ shì Zhōngguórén ma?
你 是 中国人 吗？
ニー　シー　ジョングオレン　マ

PART 3　すぐに話せる！よく使う中国語の基本・日常表現

- B:いいえ，私は中国人ではありません。

Bù wǒ bú shì Zhōngguórén.
不，我 不 是 中国人。
ブゥ ウオ ブゥ シー ジョングオレン

- 自己紹介させてください。

Qǐng ràng wǒ zuò yíxià zìwǒ jièshào.
请 让 我 做 一下 自我 介绍。
チン ラン ウオ ズゥオ イーシア ズーウオ ジエシャオ

- 私は佐藤一郎です。

Wǒ shì zuǒténg yīláng.
我 是 佐藤 一郎。
ウオ シー ズオトゥン イーラン

- 名前，どう書きますか？

Nǐde míngzi zěnme xiě?
你的 名字 怎么 写？
ニーダ ミンズ ゼンモ シエ

- A:どちらからいらっしゃったのですか？

Nín cóng nǎr lái de?
您 从 哪儿 来 的？
ニン ツォン ナール ライ ダ

- B:私は東京出身です。

Wǒ shì Dōngjīngrén.
我 是 东京人。
ウオ シー ドンジンレン

☐ A: おいくつですか？

Nín　duōdà　niánjì　le?
您 多大 年纪 了？
ニン　ドゥオダー　ニェンジー　ラ

・特に目上の人に対して。
大人に対しては「多大」
子どもに対しては「几岁」

☐ B: 今年で25歳です。

Jīnnián　èrshíwǔ　suì.
今年 二十五 岁。
ジンニエン　アルシーウー　スゥエイ

☐ A: 干支は何ですか？

Nín　shǔ　shénme?
您 属 什么？
ニン　シュウ　シェンモ

☐ B: 羊です。

Wǒ　shǔ　yáng.
我 属 羊。
ウオ　シュウ　ヤン

「十二支の生まれ年は〜です」

☐ A: 誕生日はいつですか？

Nǐ　de　shēngri　shénme　shíhou?
你 的 生日 什么 时候？
ニー　ダ　ションルィ　シェンモ　シーホー

☐ B: 4月11日です。

Sì　yuè　shíyī　hào.
四 月 十一 号。
スー　ユエ　シーイー　ハオ

10课 友だちづくり

ショート対話

□ A：彼はだれですか？

他 是 谁？
Tā shì shéi?
ター シー シェイ

□ B：彼は私の友だちです。

他 是 我（的）朋友。
Tā shì wǒ de péngyou.
ター シー ウオ ダ ポンヨウ

□ A：あなたはマージャンができますか？

你 会 打 麻将 吗？
Nǐ huì dǎ májiàng ma?
ニー ホイ ダ マージアン マ

□ B：できません。／少しできます。

不 会。／ 会 一点儿。
Bú huì. Huì yìdiǎnr.
ブゥ ホェイ ホェイ イーディエンル

関連表現・事項

A：あなたがたは明日来ることができますか？

你们 明天 能 来 吗？
Nǐmen míngtiān néng lái ma?
ニーメン ミンティエン ノン ライ マ

B：できます。／できません。

能 来。／ 来 不 了。
Néng lái. Lái bu liǎo.
ノン ライ ライ ブ リャオ

すぐに使えるフレーズ

□ 中国へ来ることができて，とてもうれしいです。

Fēicháng gāoxìng néng lái Zhōngguó.
非常 高兴 能 来 中国。
フェイチャン ガオシン ノン ライ ジョングオ

= 興

□ 中国の人と友だちになりたいからです。

Wǒ xiǎng gēn Zhōngguórén jiāo péngyou.
我 想 跟 中国人 交 朋友。
ウオ シアン ゲン ジョングオレン ジアオ ポンヨウ

□ 私は中国人の友人がいます。

Wǒ yǒu Zhōngguó péngyou.
我 有 中国 朋友。
ウオ ヨウ ジョングオ ポンヨウ

【仕事・職業】

□ どんなお仕事をされていますか？

Nín cóngshì shénme gōngzuò?
您 从事 什么 工作？
ニン ツオンシー シェンモ ゴンズゥオ

□ 私は会社員です。

Wǒ shì gōngsī zhíyuán.
我 是 公司 职员。
ウオ シー ゴンスー ジーユアン

□ 私は学生です。

Wǒ　shì　xuésheng.
我 是 学生。
ウオ　シー　シュエシュヨン

「エンジニア」は
工程师
ゴンチョンシー

□ 私は主婦です。

Wǒ　shì　jiātíngfùnǚ.
我 是 家庭妇女。
ウオ　シー　ジャーティンフーニュイ

＝婦

□ 私は公務員です。

Wǒ　shì　gōngwùyuán.
我 是 公务员。
ウオ　シー　ゴンウーユアン

＝務

中国では政府機関で働く人を
"机关职员"or"公务员"と
呼ぶことがあります。

□ あなたは看護師ですか？

Nǐ　shì　hùshi　ma?
你 是 护士 吗？
ニー　シー　フーシー　マ

□ あなたは北京出身ですか？

Nǐ　shì　Běijīngrén　ma?
你 是 北京人 吗？
ニー　シー　ベイジンレン　マ

□ 私には子どもが2人います。

Wǒ　yǒu　liǎngge　háizi.
我 有 两个 孩子。
ウオ　ヨウ　リアンゴ　ハンズ

【尋ねる】

☐ あなたは相撲を観たことがありますか？

你看过 相扑 吗？
Nǐ kànguo xiāngpū ma?
ニー カングオ シアンプゥ マ

☐ あなたは日本へ行ったことがありますか？

你 去过 日本 吗？
Nǐ qùguo Rìběn ma?
ニー チュイグオ ルィベン マ

☐ あなたは日本の流行歌（Jポップ）を聞いたことはありますか？

你 听过 日本的 流行 音乐 吗？
Nǐ tīngguo Rìběnde liúxíng yīnyuè ma?
ニー ティングオ ルィベンダ リウシン インユエ マ
（乐 = 楽）

☐ あなたは秋葉原に行ったことがありますか？

你 去过 秋叶原 吗？
Nǐ qùguo Qiūyèyuán ma?
ニー チュイグオ チウイエユアン マ

☐ あなたは日本語が話せますか？

你 会 说 日语 吗？
Nǐ huì shuō Rìyǔ ma?
ニー ホェイ シュオ ルィユイ マ

□ あなたは車を運転できますか？

Nǐ huì kāichē ma?
你会开车吗？
ニー ホェイ カイチョー マ

□ あなたは二胡が弾けますか？

Nǐ huì lā èrhú ma?
你会拉二胡吗？
ニー ホェイ ラー アルフー マ

□ お食事はすみましたか？

Nǐ chīfàn le ma?
你吃饭了吗？
ニー チーファン ラ マ

□ あなたと知り合ってとてもうれしいです。

Fēicháng gāoxìng rènshi nǐ.
非常高兴认识你。
フェイチャン ガオシン レンシー ニー

□ 彼は優しい（です）。

Tā hěn wēnhé
他很温和。
ター ヘン ウェンホー

□ 彼女は美しい（です）。

Tā hěn piàoliang.
她很漂亮。
ター　ヘン　ピヤオリヤン

【連絡】

□ 連絡はどうとったらいいですか？

Zěnme hé nín liánxì?
怎么和您联系？
ゼンモ　ホー　ニン　リエンシ

「～と」

□ 私の電話番号を知らせておくね。

Gàosu nín wǒ de diànhuà hàomǎ ba.
告诉您我的电话号码吧。
ガオスウ　ニン　ウオ　ダ　ディエンホワ　ハオマ　バ

□ 電話かけていいですか？

Néng gěi nín dǎ diànhuà ma?
能给您打电话吗？
ノン　ゲイ　ニン　ダー　ディエンホワ　マ

□ 携帯に電話してください。

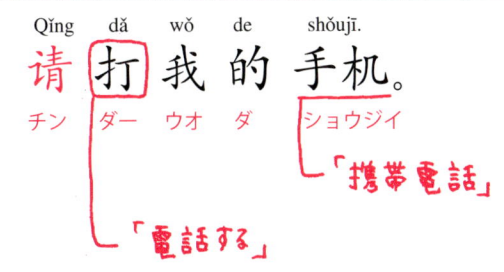

Qǐng dǎ wǒ de shǒujī.
请打我的手机。
チン　ダー　ウオ　ダ　ショウジイ

「携帯電話」
「電話する」

PART 3
すぐに話せる！よく使中国語の基本・日常表現

☐ 電話番号教えてください。

Qǐngwèn nín de diànhuà hàomǎ shì duōshao?
请问，您的电话号码是多少？
チンウエン ニン ダ ディエンホワ ハオマ シー ドゥオシャオ

「おたずねします」

☐ メールアドレス教えてください。

Qǐng gàosu wǒ nín de mèir dìzhǐ.
请告诉我您的"E妹儿"地址。
チン ガオスゥ ウオ ニン ダ イーメェル ディジィ

「住所」

☐ ペンをお持ちですか？

Nín yǒu bǐ ma?
您有笔吗？
ニン ヨウ ビー マ

☐ 住所を教えてください。

Qǐng gàosu wǒ nín de dìzhǐ.
请告诉我您的地址。
チン ガオスゥ ウオ ニン ダ ディジィ

☐ 電話はいつかけたらいいですか？

Shénme shíhou dǎ diànhuà gěi nín héshì?
什么时候打电话给您合适？
シェンモ シーホー ダー ディエンホワ ゲイ ニン ホーシー

「〜へ」「〜に」

□ 暇な時に電話してくださいね。

Yǒu kòng gěi wǒ dǎ diànhuà ba.
有空给我打电话吧。
ヨウ コン ゲイ ウオ ダー ディエンホワ バ

□ 必ず電話するよ。

Wǒ yídìng gěi nǐ dǎ diànhuà
我一定给你打电话。
ウオ イーディン ゲイ ニー ダー ディエンホワ

□ 手紙書きますね。

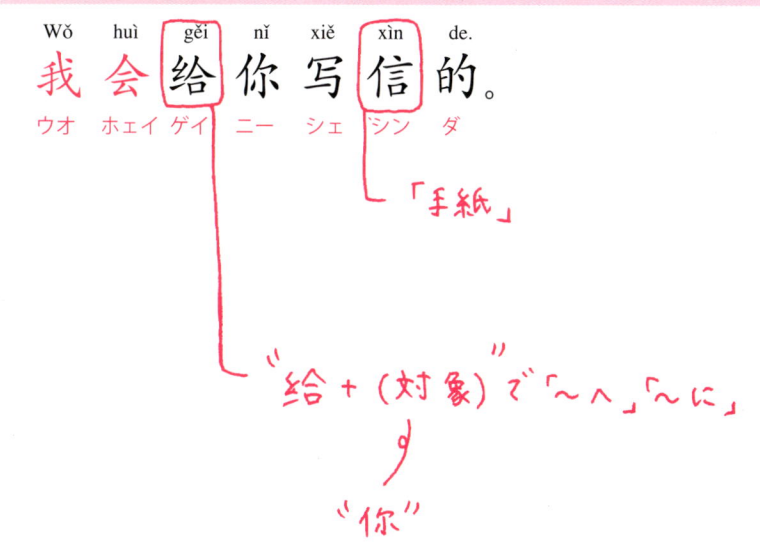

Wǒ huì gěi nǐ xiě xìn de.
我会给你写信的。
ウオ ホェイ ゲイ ニー シェ シン ダ

「手紙」

"给+(対象)"で「～へ」「～に」

"你"

11课 中国語，中国

役に立つ表現

□ 中国語を教えてくれますか？

Nǐ　néng　jiāo　wǒ　shuō　Hànyǔ　ma?
你 能 教 我 说 汉语 吗？
ニー　ノン　ジャオ　ウオ　シュオ　ハンユイ　マ

□ 中国語を教えていただけますか？

Qǐng　nǐ　jiāo　wǒ　shuō　Hànyǔ,　kěyǐ　ma?
请 你 教 我 说 汉语，可以 吗？
チン　ニー　ジャオ　ウオ　シュオ　ハンユイ　コーイー　マ

□ 私は中国語を1年学びました。

Wǒ　xué　le　yìnián　Hànyǔ.
我 学 了 一年 汉语。
ウオ　シュエ　ラ　イーニエン　ハンユイ

了 → 完了の意味
「終わっている，〜になってしまった」

■ 日本人の姓の中国語読み

鈴木	铃木	リンムー	山本	山本	シャンベン
斎藤	齐藤	ジイーテン	井上	井上	ジンシャン
中村	中村	ジョンツン	今井	今井	ジンジン
加藤	加藤	ジアテン	渡辺	渡边	ドゥービエン
小林	小林	シアオリン	小川	小川	シアオチュアン

関連表現・事項

すぐに使えるフレーズ

□ 私も中国語を習いたい。

Wǒ yě xiǎng xué Hànyǔ.
我 也 想 学 汉语。 「汉」
ウオ イエ シアン シュエ ハンユイ

□ 私は以前，半年間中国語を学んだことがあります。

Wǒ yǐqián xuéguo bànnián Hànyǔ.
我 以前 学过 半年 汉语。
ウオ イーチエン シュエグオ バンニエン ハンユイ

□ 私は中国語が話せません。

Wǒ bú huì shuō Hànyǔ.
我 不 会 说 汉语。
ウオ ブゥ ホエイ シュオ ハンユイ

□ 李さんに中国語を教えてくれるように頼みたい。

Wǒ xiǎng qǐng xiǎolǐ jiāo wǒ shuō Hànyǔ.
我 想 请 小李 教 我 说 汉语。
ウオ シアン チン シャオリー ジャオ ウオ シュオ ハンユイ

□ 太極拳を習いたいのですが。

Wǒ xiǎng xué tàijíquán.
我 想 学 太极拳。
ウオ シアン シュエ タイジィチュアン

「日本語」＝"日语" ルィユイ
「英語」＝"英语" インユイ
「フランス語」＝"法语" ファユイ
「ドイツ語」＝"德语" ドァユイ

□ あなたの中国語は私より上手です。

Nǐ de Hànyǔ bǐ wǒ hǎo.
你的汉语比我好。
ニー ダ ハンユイ ビー ウオ ハオ

□ 私の中国語は彼女ほどうまくない。

Wǒ de Hànyǔ méiyǒu tā hǎo.
我的汉语没有她好。
ウオ ダ ハンユイ メイヨウ ター ハオ

□ 中国語は英語よりやさしいですか？

Hànyǔ bǐ Yīngyǔ róngyì ma?
汉语比英语容易吗？
ハンユイ ビー インユイ ロンイー マ

比較「〜より」

□ 漢字はどう書きますか？

Hànzì zěnme xiě?
汉字怎么写？
ハンズー ゼンモ シエ

□ 中国語でどう言えばいいかわかりません。

Wǒ bùzhīdào yòng Hànyǔ zěnme shuō.
我不知道用汉语怎么说。
ウオ ブゥジーダオ ヨン ハンユイ ゼンモ シュオ

- [ ] ちょっとおたずねします。これは中国語で何と言いますか？

Qǐngwèn　　zhège　yòng　Hànyǔ　zěnme　shuō?
请问，这个 用 汉语 怎么 说？
チンウエン　ジェイゴ　ヨン　ハンユイ　ゼンモ　シュオ

「～で（する）」

- [ ] この単語を発音してもらえますか？

Zhège　dāncí　néng　dúgěi　wǒ　tīng　ma?
这个 单词 能 读给 我 听 吗？
ジェイゴ　ダンツー　ノン　ドゥゲイ　ウオ　ティン　マ

- [ ] これはどういう意味ですか？

Zhè　shì　shénme　yìsi?
这 是 什么 意思？
ジョー　シー　シェンモ　イース

- [ ] この字はどう読みますか？

Zhège　zì　zěnme　niàn?
这个 字 怎么 念？
ジェイゴ　ズー　ゼンモ　ニエン

PART 3 すぐに話せる！よく使中国語の基本・日常表現

12课 趣味

ショート対話

□ A: あなたは何に興味がありますか？

Nǐ duì shénme gǎn xìngqù?
你 对 什么 感 兴趣？
ニー ドゥイ シェンモ ガン シンチュイ

□ B: 私は書道に興味があります。

Wǒ duì shūfǎ gǎn xìngqù.
我 对 书法 感 兴趣。
ウオ ドゥイ シューフア ガン シンチュイ

□ A: あなたはダンスは好きですか？

Nǐ xǐhuan tiàowǔ ma?
你 喜欢 跳舞 吗？
ニー シーホワン ティヤオウー マ

□ B: 好きです。／あまり好きではありません。

Xǐhuan. Bú tài xǐhuan.
喜欢。 ／ 不 太 喜欢。
シーホワン ブウ タイ シーホワン

関連表現・事項

■ 興味や関心のあることについて言うとき

「サッカーに興味がある」というように，自分の「さまざまな興味や関心事」を表現するときに用いるパターンが，"我 对 ~ 感 兴趣。"です。

英語の "I'm interesting in ~ ." に相当します。

すぐに使えるフレーズ

☐ 趣味は何ですか？

你 有 什么 爱好？
Nǐ yǒu shénme àihào?
ニー ヨウ シェンモ アイハオ

「趣味」

☐ 私は釣りが趣味です。

我 喜欢 钓鱼。
Wǒ xǐhuan diàoyú.
ウオ シーホワン ディアオユイ

=「好き」　「きらい」は"讨厌"タオイエン

☐ カラオケが好きです。

我 喜欢 唱 卡拉 OK。
Wǒ xǐhuan chàng kǎlā ok.
ウオ シーホワン チャン カラオケ

☞「嫌い」は"讨厌" tǎoyàn [タオイェン]

☐ 私は旅行するのが好きです。

我 喜欢 去 旅游。
Wǒ xǐhuan qù lǚyóu.
ウオ シーホワン チュイ リュイヨウ

☐ 私は料理をするのが好きです。

我 喜欢 做菜。
Wǒ xǐhuan zuò cài.
ウオ シーホワン ズゥオ ツァイ

「料理する」

☐ 私は読書が好きです。

我 喜欢 读书。
Wǒ xǐhuan dúshū.
ウオ シーホワン ドゥーシュー

PART 3 すぐに話せる！よく使う中国語の基本・日常表現

☐ 私は映画を見るのが好きです。

我 喜欢 看 电影。
Wǒ xǐhuan kàn diànyǐng.
ウオ シーホワン カン ディエンイン

☐ 私はドライブが好きです。

我 喜欢 开车 兜风。
Wǒ xǐhuan kāichē dōufēng.
ウオ シーホワン カイチョー ドォウフォン

「开车」=「車を運転する」
「风」=「風」
"开 = 開"

☐ 私はテニスをするのが好きです。

我 喜欢 打 网球。
Wǒ xǐhuan dǎ wǎngqiú.
ウオ シーホワン ダ ワンチィウ

☐ 私は甘いものが好きです。

我 喜欢 甜 食。
Wǒ xǐhuan tián shí.
ウオ シーホワン ティエン シー

☐ 私はサッカーに興味があります。

我 对 足球 感 兴趣。
Wǒ duì zúqiú gǎn xìngqù.
ウオ ドゥイ ズーチウ ガン シンチュイ

「我对~感兴趣」=「私は~に興味があります」

☐ 私は法律に興味があります。

我 对 法律 感 兴趣。
Wǒ duì fǎlǜ gǎn xìngqù.
ウオ ドゥイ ファーリュイ ガン シンチュイ

☐ 私は音楽に興味があります。

Wǒ duì yīnyuè gǎn xìngqù.
我 对 音乐 感 兴趣。
ウオ ドゥイ インユエ ガン シンチュイ

☐ 私はジャズに興味があります。

Wǒ duì juéshìyuè gǎn xìngqù.
我 对 爵士乐 感 兴趣。
ウオ ドゥイ ジュエシーユエ ガン シンチュイ 「ジャズ」

☐ 私はクラッシックに興味があります。

Wǒ duì gǔdiǎn yīnyuè gǎn xìngqù.
我 对 古典 音乐 感 兴趣。
ウオ ドゥイ グーディエン インユエ ガン シンチュイ

☐ 私はコンピュータに興味があります。

Wǒ duì diànnǎo gǎn xìngqù.
我 对 电脑 感 兴趣。
ウオ ドゥイ ディエンナオ ガン シンチュイ

☐ 私はポピュラー音楽に興味があります。

Wǒ duì tōngsú yīnyuè gǎn xìngqù.
我 对 通俗 音乐 感 兴趣。
ウオ ドゥイ トンスゥ インユエ ガン シンチュイ

PART 3 すぐに話せる！よく使中国語の基本・日常表現

■色　颜色 yánsè　イエンソー

赤	红色 hóngsè　ホンソー	水色	淡蓝色 dànlánsè　ダンランソー
白	白色 báisè　バイソー	ベージュ	米黄色 mǐhuángsè　ミーホワンソー
黒	黑色 hēisè　ヘイソー	クリーム	乳白色 rǔbáisè　ルーバイソー
緑	绿色 lǜsè　リュイソー	金	金黄色 jīnhuángsè　ジンホワンソー
黄緑	黄绿色 huánglǜsè　ホワンリュイソー	紫	紫色 zǐsè　ズソー
オレンジ	橘黄色 júhuángsè　ジュイホワンソー	茶色	茶色 chásè　チァソー
黄色	黄色 huángsè　ホワンソー	グレー	灰色 huīsè　ホゥイソー
青	蓝色 lánsè　ランソー		

PART 4

すぐに話せる！
中国旅行
重要フレーズ

13课 機内で・空港で

ショート対話

☐ A: お食事は牛肉,鶏肉,魚のどれがよろしいですか？

Qǐngwèn　niúròu　jīròu　yú　nín　xǐhuan　chī　nǎge?
请问，牛肉，鸡肉，鱼，您 喜欢 吃 哪个？
チンウエン ニウロウ ジーロウ ユイ ニン シーホワン チー ネイゴ

☐ B: 魚をお願いします。

Qǐng　gěi　wǒ　yú.
请 给 我 鱼。
チン ゲイ ウオ ユイ

☐ A: シートを倒してもいいですか？（後ろの席の人に）

Kěyǐ　fàngdǎo　kàobèi　ma?
可以 放倒 靠背 吗？
コーイー フアンダオ カオベイ マ

☐ B: いいですよ。

Kěyǐ.
可以。
コーイー

関連表現・事項

☐ コーヒーをもっともらえますか？

Néng　zài　yào　yìdiǎnr　kāfēi　ma?
能 再要 一点儿 咖啡 吗？
ノン ザイ ヤオ イーディエンル カーフェイ マ

☞ "再"は「もっと，さらに，再び，もう一度」。
"一点"は「少し，ちょっと」発音しやすくするために，後に"儿"をつけて"r化音"になっています。

すぐに使えるフレーズ

☐ すみません，通してもらいたいのですが。

Duìbuqǐ, qǐng ràng wǒ guòqu yíxià.
对不起，请 让 我 过去 一下。
ドゥイブゥチィ チン ラン ウオ グオチュイ イーシア

（動詞の後に用いて「ちょっと〜する」表現をやわらかくする。）

☐ 席を替えてほしいのですが。

Wǒ xiǎng huàn yíxià zuòwèi.
我 想 换 一下 座位。
ウオ シアン ホワン イーシア ズゥオウエイ

☐ 別の席に移ることはできますか？

Néng huàndào biéde zuòwèi ma?
能 换到 别的 座位 吗？
ノン ホワンダオ ビエダ ズゥオウエイ マ

「別の」

☞ "换到"は「動詞＋到」の形で，動作の到達した結果，場所などを表します。

☐ 日本語の新聞[雑誌]はありますか？

Yǒu méiyǒu Rìyǔ de bàozhǐ zázhì?
有 没有 日语 的 报纸 [杂志]？
ヨウ メイヨウ ルィユィ ダ バオジ ザージー

☞ 書物などを数える「冊」は中国語では"本"。

☐ 入国カードをもらえますか？

Nǐ néng gěi wǒ yì zhāng rùjìngkǎ ma?
你 能 给 我 一 张 入境卡 吗？
ニー ノン ゲイ ウオ イー ジャン ルージンカー マ

「カード」
「1枚」

☞ "张"は紙や皮など平らなものを数える量詞。

PART 4
すぐに話せる！中国旅行重要フレーズ

□ A: どんな飲み物がありますか？

Yǒu xiē shénme yǐnliào?
有 些 什么 饮料？
ヨウ　シエ　シェンモ　インリアオ

☞ "些"は量詞で，不定の数や量を表す「いくつか」，「いくらか」の意味。

□ B: 何がよろしいですか？

Nǐ xiǎng yào nǎzhǒng?
你 想 要 哪种？
ニー　シアン　ヤオ　ナージョン

☞ "哪"は「どれ，どの」。"哪种"の"种"は「種類」の「種」。

□ お茶をください。

Wǒ xiǎng yào cháshuǐ.
我 想 要 茶水。
ウオ　シアン　ヤオ　チャアシュウェイ

☞ 「ビール」"啤酒"［ピージウ］，「コーヒー」"咖啡"［カーフィー］
「オレンジジュース」"橙汁"［チエンジー］，「お茶」"茶水"［チャーシュウェイ］
「ミネラルウオーター」"矿泉水"［クアンチュアンシュウェイ］

□ 毛布をもう1枚ほしいのですが。

Wǒ xiǎng zài yào yì tiáo máotǎn.
我 想 再 要 一 条 毛毯。
ウオ　シアン　ザイ　ヤオ　イー　ティアオ　マオタン

☞ "条"は道路やタオルなど細長い形をした物を数える量詞。
なぜか犬も"条"で数えます。一匹の犬は"一条狗"［イーティアオ ゴウ］。

□ 気分が悪いのですが。

我 有点儿 不 舒服。
Wǒ yǒudiǎnr bù shūfu.
ウオ ヨウディアール ブウ シューフ

「気分がよい」、「体調がよい」

☞ "点儿（＝一点）" は「少し～」。"不舒服" は「気分が悪い」の意味。

□ 寒いのですが。

我 觉得 有点儿 冷。
Wǒ juéde yǒudiǎnr lěng.
ウオ ジュエダ ヨウディエン ロン

□ 暑いのですが。

我 觉得 有点儿 热。
Wǒ juéde yǒudiǎnr rè.
ウオ ジュエダ ヨウディエン ルー

□ 今，上海は何時ですか？

现在 上海 几 点？
Xiànzài Shànghǎi jǐ diǎn?
シエンザイ シャンハイ ジィ ディエン

☞ "点" は「時刻」。

□ このフライトは定刻に着きますか？

这 次 航班 正点 到达 吗？
Zhè cì hángbān zhèngdiǎn dàodá ma?
ジョー ツー ハンバン ジョンディエン ダオダー マ

PART 4

すぐに話せる！中国旅行重要フレーズ

14课 入国審査・税関

ショート対話

【入国審査】

□ A: パスポートを見せてください。

Kěyǐ kàn yíxià nín de hùzhào ma?
可以 看 一下 您 的 护照 吗？
コーイー カン イーシア ニン ダ フージャオ マ

□ B: はい，これです。

Kěyǐ, gěi nín.
可以，给 您。
コーイー ゲイ ニン

「パスポート」

□ A: 旅行の目的は何ですか？

Nín zhè cì lǚxíng de mùdì shì shénme?
您 这 次 旅行 的 目的 是 什么？
ニン ジェイ ツー リュイシン ダ ムーディ シー シェンモ

☞ "这次"は「今回」。"下次"は「次回」，"上次"は「前回」。
　　　[シャーツー]　　　　　[シャンツー]

関連表現・事項

■ 日数の言い方を再チェック

1日	一天 イーティエン	1週間	一个星期 イーゴシンチー
2日	两天 リアンティエン	2週間	两个星期 リアンゴシンチー
3日	三天 サンティエン	3週間	三个星期 サンゴシンチー

すぐに使えるフレーズ

☐ B: 観光 [仕事] です。

Guān guāng.　　　　Gōngzuò.
观光。 ／ 工作。
グワングワン　　　　ゴンズゥオ

☞ 旅游 [リュイヨウ]（旅行，観光），商务 [シャンウ]（仕事）。

☐ A: どこに滞在する予定ですか？

Nǐ　dǎsuan　zhùzài　nǎli?
你 打算 住在 哪里？
ニー　ダースワン　ジュウザイ　ナーリー

☞ "住"は「住む，泊まる」。"打算"は「…するつもりです，…する予定です」。

☐ B: 国際ホテルです。

Wǒ　dǎsuan　zhùzài　Guójì　Fàndiàn.
我 打算 住在 国际 饭店。
ウオ　ダースワン　ジュウザイ　グオジィ　ファンディエン

☐ A: 中国にどのくらい滞在する予定ですか？

Nín　dǎsuan　zài　zhōngguó　dòuliú　duōcháng　shíjiān?
您 打算 在 中国 逗留 多长 时间？
ニン　ダスワン　ザイ　ジョングオ　ドウリウ　ドゥオチャン　シージエン

☐ B: 7日間です。

Qī　tiān.
七 天。
チイ　ティエン

PART 4

すぐに話せる！中国旅行重要フレーズ

【税関検査】

☐ A: 何か申告するものはありますか？

Nín yǒu méiyǒu yào shēnbào de dōngxi?
您 有 没有 要 申报 的 东西？
ニン ヨウ メイヨウ ヤオ シェンバオ ダ ドンシィ

☞ "要申报" の "要" は「…しなければならない，…すべきである」の意味を表す助動詞。

☐ B: いいえ，何もありません。

méiyǒu shénme yào shēnbào de.
没有 什么 要 申报 的。 〔东西〕
メイヨウ シェンモ ヤオ シェンバオ ダ

☞ 「的」の後に来ることばは，明らかなもののときは省略できます。

☐ A: スーツケースを開けてください。

Qǐng dǎkāi xiāngzi.
请 打开 箱子。
チン ダーカイ シアンズ

☐ A: この中身は何ですか？

Zhè lǐmiàn shì shénme?
这 里面 是 什么？
ジョー リーミエン シー シェンモ

☐ B: これは私の身の回り品です。

Zhè shì wǒ de suíshēn yòngpǐn.
这 是 我 的 随身 用品。
ジョー シー ウオ ダ スェイシェン ヨンピン

□ それは友人へのおみやげです。

Nà shì sòng gěi péngyou de lǐpǐn.
那 是 送 给 朋友 的 礼品。
ナー シー ソン ゲイ ポンヨウ ダ リーピン

□ 荷物が見つかりません。

Xíngli zhǎo bu dào.
行李 找 不 到。
シンリー ジャオ ブゥ ダウ

□ 私の荷物がまだ出てきません。

Wǒ de xíngli háiméi chūlai.
我 的 行李 还没 出来。
ウオ ダ シンリー ハイメイ チューライ

□ これは私のカバンではありません。

Zhè bú shì wǒ de shūbāo.
这 不 是 我 的 书包。
ジョー ブゥ シー ウオ ダ シュウバオ

□ これは私の物ではありません。

Zhè bú shì wǒ de.
这 不 是 我 的。
ジョー ブゥ シー ウオ ダ

PART 4

すぐに話せる！中国旅行重要フレーズ

95

15课 交通機関〈タクシー〉

ショート対話

□ A: どちらまでですか？

Nín qù nǎr?
您 去 哪儿？
ニン チュイ ナール

□ B: ヒルトンホテルまでお願いします。

Qǐng qù Xī'ěrdùn Fàndiàn.
请 去 希尔顿 饭店。
チン チュイ シイアルドゥン ファンディエン

「ホテル」のこと

□ A: はい。

Hǎo de.
好 的。
ハオ ダ

関連表現・事項

「次の角で降りたいのですが」

Wǒ xiǎng zài xiàge guǎijiǎo de dìfang xiàchē
我 想 在 下个 拐角 的 地方 下车。
ウオ シアン ザイ シャーガ グワイジャオ ダ ディーファン シャーチャー

☞「信号」なら、"拐角"のかわりに"红绿灯"［ホウンリュイドン］を入れます。"下个"は「次の」、"拐角"は「曲がり角」。

すぐに使えるフレーズ

☐ ここへ行ってください。

Qǐng dào zhège dìfang qù.
请 到 这个 地方 去。
チン ダオ ジェイゴ ディーファン チュイ

☞ 行き先を書いた紙を見せながらこう言いましょう。"地方"は「所」。

☐ 窓を開けてもいいですか？

Kěyǐ bǎ chuānghu dǎkāi ma?
可以 把 窗户 打开 吗？
コーイー バ チュアンフ ダーカイ マ

「～を…（する）」

☐ 天壇で降りたいのですが。

Wǒ xiǎng zài Tiāntán xiàchē.
我 想 在 天坛 下车。
ウオ シアン ザイ ティエンタン シアチョー

☐ 止めてください。

Qǐng tíng yíxià.
请 停 一下。
チン ティン イーシア

☐ ありがとう。おつりはとっておいて。

Xièxie bú yòng zhǎo qián le.
谢谢, 不用 找 钱 了。
シエシエ ブゥ ヨン ジャオ チエン ラ

☐ 料金がメーターと違います。

Chēfèi gēn jìchéngbiǎo bù yízhì.
车费 跟 计程表 不 一致。
チョーフェイ ゲン ジーチョンビアオ ブゥ イージー

「～と」

16课 交通機関〈バス・列車〉

ショート対話

□ A: ここに座ってもいいですか？

Kěyǐ zuòzài zhèli ma?
可以 坐在 这里 吗？
コーイー ズゥオザイ ジョーリー マ

□ B: どうぞ。

Kěyǐ.
可以。
コーイー

□ A: 窓を開け[閉め]てもいいですか？

Kěyǐ dǎkāi guānshàng chuānghu ma?
可以 打开[关上] 窗户 吗？
コーイー ダーカイ グアンシャン チャアンフー マ

□ B: だめです。

Bù kěyǐ. Bù xíng.
不 可以。／**不 行**。
ブゥ コーイー ブゥ シーン

関連表現・事項

A: 列車は何時に上海に着くのですか？

Lièchē jǐ diǎn dào Shànghǎi
列车 几点 到 上海？
リエチョー ジィ ディエン ダオ シャンハイ

B: 2時25分です。

Liǎngdiǎn èrshíwǔfēn.
两点 二十五分。
リャン ディエン アーシーウーフェン

すぐに使えるフレーズ

【バスに乗る】

□ 切符売り場はどこですか？

Shòu piàochù　zài　nǎr?
售票处 在 哪儿？
ショウピヤオチュウ ザイ ナール

□ ここで切符は買えますか？

Néng　zài　zhèli　mǎi　piào　ma?
能 在 这里 买 票 吗？
ノン ザイ ジョーリー マイ ピヤオ マ

「ここで」

□ 運賃はいくらですか？

Chēfèi　shì　duōshao　qián?
车费 是 多少 钱？
チョーフェイ シー ドゥオシャオ チエン

□ ここから十三陵までいくらですか？

Cóng　zhèr　dào　Shísānlíng　yào　duōshao　qián?
从 这儿 到 十三陵 要 多少 钱？
ツォン ジョアール ダオ シーサンリン ヤオ ドゥオシャオ チエン

☞ "要"は「必要である」、"到"は「…まで」。"从"は「〜から」。
"从 〜 到…"は「〜から…まで」の意味。

□ バスは何時に出ますか？

Gōngjiāochē　jǐ　diǎn　fāchē?
公交车 几 点 发车？
ゴンジアオチョー ジィ ディエン ファチョー

PART 4

すぐに話せる！中国旅行重要フレーズ

CD 51

☐ 故宮まで1枚。

到 故宫, 一 张。
Dào gùgōng, yì zhāng.
ダオ グーゴン イー ジャン

☐ この席は空いていますか？

这儿 有 人 吗？
Zhèr yǒu rén ma?
ジョアル ヨウ レン マ

☐ すみません，通してもらいたいのですが。

对不起, 请 让 一下。
Duìbuqǐ, qǐng ràng yíxià.
ドゥイブチィ チン ラン イーシア

「～にさせる」

☐ 降ります！降ります！

下车！下车！
Xià chē! Xià chē!
シアチョー シアチョー

☐ 座席を替えてくれますか？

可以 和 您 换 座位 吗？
Kěyǐ hé nín huàn zuòwèi ma?
コーイー ホー ニン ホアン ズゥオウエイ マ

☐ 降ります。

我 要 下车。
Wǒ yào xiàchē.
ウオ ヤオ シアチョー

【列車に乗る】

□ 時刻表はありますか？

Yǒu　méiyǒu　shíkèbiǎo?
有 没有 时刻表？
ヨウ　メイヨウ　シーコォビアオ

□ A: 洛陽行きの切符を1枚ください。

Wǒ　xiǎng　yào　yì　zhāng　qù　Luòyáng　de　chēpiào.
我 想要 一 张 去 洛阳 的 车票。
ウオ　シアン ヤオ　イー　ジャン　チュイ ルオヤン　ダ　チョーピヤオ

☞ バス, 汽车などの切符は "**车票**"。飛行機のチケットは "**机票**"。

□ B: 普通車ですか，グリーン車ですか？

Yào　yìngzuò　háishi　ruǎnzuò?
要 硬座 还是 软座？
ヤオ　インズゥオ　ハイシー　ルワンズゥオ

☞ "**硬**" は一般の硬い座席（普通車）。"**软**" は特等（グリーン車）。

□ A: 普通車でお願いします。

Yào　yìngzuò.
要 硬座。
ヤオ　インズゥオ

□ 上海行きの次の列車は何時ですか？

Xià　tàng　qù　Shànghǎi　de　huǒchē　jǐ　diǎn　fāchē?
下 趟 去 上海 的 火车 几 点 发车？
シャー　タン　チュイ　シャンハイ　ダ　ホオチョー　ジィ ディエン ファチョー

☞ "**发车**" は「(車が) 動きだす, 発車する」。"**趟**" は往来の回教を表す量詞。

PART 4 すぐに話せる！中国旅行重要フレーズ

□ これは成都行きの列車ですか？

Zhè shì kāiwǎng Chéngdū de lièchē ma?
这 是 开往 成都 的 列车 吗？
ジョー シー カイワン チョンドゥ ダ リエチョー マ

□ 急行列車に乗りたいのですが。

「～まで行く」

Wǒ xiǎng zuò kuàichē.
我 想 坐 快车。
ウオ シアン ズゥオ クワイチョー

☞ "快"は「速い」。特急は"特快"［トゥークワイ］。

□ 窓［通路］側の席をお願いします。

Wǒ xiǎng yào kàochuāng tōngdào de zuòwèi.
我 想 要 靠窗［通道］的 座位。
ウオ シアン ヤオ カオチュアン［トンダオ］ ダ ズゥオウエイ

□ 乗り換えは必要ですか？

Yào huànchē ma?
要 换车 吗？
ヤオ ホアンチョー マ

□ 成都まで1枚。

Dào Chéngdū yì zhāng.
到 成都 一 张。
ダオ チョンドゥ イー ジャン

□ どの駅で乗り換えるのですか？

Zài nǎ yí zhàn huànchē?
在 哪 一 站 换 车？
ザイ ナー イー ジャン ホアンチョー

□ 切符を交換したいのですが。

Wǒ xiǎng bǎ zhè zhāng piào huàn yíxià.
我 想 把 这 张 票 换 一 下。
ウオ シアン バ ジェイ ジャン ピヤオ ホワン イーシア

☞ "把"は「〜を…（する）」，"换"は「交換する，換える」。

□ 予約を変更したいのですが。

Wǒ xiǎng bǎ yùdìng gēnggǎi yíxià.
我 想 把 预订 更改 一 下。
ウオ シアン バ ュィディン ゴンガイ イーシア

「〜を…（する）」

□ 今乗車してもいいですか？

Wǒ xiànzài kěyǐ shàng chē le ma?
我 现在 可以 上车 了 吗？
ウオ シェンザイ コーイー シャンチョー ラ マ

☞ "可以…了"は「もう…してもいい」。

□ 私の席はどこですか？

Wǒ de zuòwèi zài nǎr?
我 的 座位 在 哪儿？
ウオ ダ ズゥオウエイ ザイ ナール

☞ "在"は「〜にある」という意味。

PART 4

すぐに話せる！中国旅行重要フレーズ

17课 ホテル〈チェックイン〉

役に立つ表現

□ チェックインをお願いします。

Qǐng bànlǐ zhùsù.
请 办理 住宿。
チン バンリー ジュウス

□ 3泊予約をしているのですが。

Wǒ yùdìng le sān tiān de fángjiān.
我 预订 了 三 天 的 房间。
ウオ ユイディン ラ サンティエン ダ ファンジエン

☞ "预订了"の"了"は動作の完了を表し、「予約した」の意味。

□ 日本で予約しました。

Wǒ shì zài Rìběn yùdìng de.
我 是 在 日本 预订 的。
ウオ シー ザイ ルィベン ユィディン ダ

☞ "是＋動詞＋〜＋的"の形は「〜した」の意味。

関連表現・事項

□ 宿泊カードにご記入いただけますか？

Qǐng tián yíxià zhùsù dēngjìbiǎo?
请 填 一下 住宿 登记表。
チン ティエン イーシア ジュウス ダンジビャオ

聞きとれるようにしておきましょう。

すぐに使えるフレーズ

☐ 部屋の鍵をください。

Qǐng gěi wǒ fángjiān de yàoshi.
请给我房间的钥匙。
チン ゲイ ウオ ファンジエン ダ ヤオシー

☞「カード式ルームキー」は"房卡"［ファンカー］。

☐ 貴重品を預けたいのですが。

Wǒ xiǎng jìcún yíxià guìzhòng wùpǐn.
我想寄存一下贵重物品。
ウオ シァン ジーツン イーシア グェイジョン ウーピン

☐ 荷物を運ぶのを手伝っていただけませんか？

Nǐ néng bāng wǒ bān yíxià xíngli ma?
你能帮我搬一下行李吗？
ニー ノン バン ウオ バン イーシア シンリー マ

☐ トラベラーズチェックで支払えますか？

Néng yòng lǚxíng zhīpiào fùkuǎn ma?
能用旅行支票付款吗？
ノン ヨン リュイシン ジーピヤオ フークワン マ

「支払う」

☐ サービスルームは何階にありますか？

Shānwù zhōngxīn zài jǐ lóu?
商务中心在几楼？
シャンウー ジョンシン ザイ ジィ ロウ

PART 4

すぐに話せる！中国旅行重要フレーズ

【質問する】

☐ A: 朝食は何時ですか？

早饭 时间 是 几 点？
Zǎofàn shíjiān shì jǐ diǎn?
ザオファン シージエン シー ジィ ディエン

☞ "午饭"［ウーファン］は昼食。"晚饭"［ワンファン］は夕食。

☐ B: 朝食は7時から10時までです。

早饭 时间 从 七 点 到 十 点。
Zǎofàn shíjiān cóng qī diǎn dào shí diǎn.
ザォファン シージエン ツォン チー ディエン ダオ シー ディエン

☞ "从"は「～から」。"从～到…"は「～から…まで」の意味。

☐ ホテルの絵はがきはありますか？

有 没 有 饭店 图案 的 明信片？
Yǒu méiyǒu fàndiàn tú'àn de míngxìnpiàn?
ヨゥ メイヨウ ファンデイエン トゥーアンダ ミンシンピエン

☞ "图案"は「デザイン，模様，図案」。"明信片"は「はがき」のこと。

☐ ホテルの名刺をください。

请 给 我 一 张 饭店 的 名片。
Qǐng gěi wǒ yì zhāng fàndiàn de míngpiàn.
チン ゲイ ウオ イー ジャン ファンディエン ダ ミンピエン

☐ 日本語［英語］の話せる人はいますか？

有 会 说 日语［英语］的 人 吗？
Yǒu huì shuō Rìyǔ Yīngyǔ de rén ma?
ヨウ ホェイ シュオ ルィユイ インユイ ダ レン マ

□ 日本に電話をかけたいのですが。

Wǒ xiǎng wǎng Rìběn dǎ diànhuà.
我 想 往 日本 打 电话。
ウオ シアン ワン ルイベン ダ ディエンホワ

「～へ向かって」

□ インターネットは使えますか？

Néng shàng wǎng ma?
能 上 网 吗？
ノン シャン ワン マ

□ クリーニングをしたいのですが。

Wǒ xiǎng yào xǐyī fúwù.
我 想 要 洗衣 服务。
ウオ シアン ヤオ シィイー フゥウ

「サービス」

□ 空港までのリムジン・サービスはありますか？

Yǒu dào jīchǎng de bānchē jiēsòng fúwù ma?
有 到 机场 的 班车 接送 服务 吗？
ヨウ ダオ ジーチャン ダ バンチョー ジエソン フゥウー マ

☞ "班车"［バンチャー］は「定期バス」。
　"到机场的班车"［タオ ジーチャン ダ バンチャー］で「リムジンバス」。

PART 4

すぐに話せる！中国旅行重要フレーズ

18课 ホテル〈ルームサービス〉

役に立つ表現

□ ルームサービスをお願いします。

Wǒ xiǎng yào yífèn sòngcān fúwù.
我 想 要 一份 送餐 服务。
ウオ シアン ヤオ イーフェン ソンツァン フウウ

☞ ルームサービスそのものは"送饭服务"。

□ タオルをもう少し余分にもらえませんか？

Néng zài duō yào yìxiē máojīn ma?
能 再 多 要 一些 毛巾 吗？
ノン ザイ ドゥオ ヤオ イーシエ マオジン マ

「少し、わずか」

□ 氷を持って来てもらえますか？

Nǐ néng gěi wǒ ná yìdiǎnr bīng lái ma?
你 能 给 我 拿 一点儿 冰 来 吗？
ニー ノン ゲイ ウオ ナー イーディエンル ビン ライ マ

「〜を持ってくる」

関連表現・事項

□ ファックスのサービスはありますか？

Yǒu chuánzhēn fúwù ma?
有 传真 服务 吗？
ヨウ チュワンジェン フウー マ

☞ 「ファックスを送る」は"发传真"［ファーチュワンジェン］。

すぐに使えるフレーズ

☐ 花茶をポット一杯お願いします。

Wǒ　xiǎng　yào　yìhú　huāchá.
我 想 要 一壶 花茶。
ウオ　シアン　ヤオ　イーフウ　ホァーチャー

☐ どのくらい時間かかりますか？

Yào　duōcháng　shíjiān?
要 多长 时间？
ヤオ　ドゥオチャン　シージエン

☐ どちらさまですか？

Shì　nǎwèi?
是 哪位？
シー　ナーウェイ

☐ ちょっとお待ちください。

Qǐng　děng　yíxià.
请 等 一下。
チン　ドン　イーシア

☐ 明日7時にモーニングコールをお願いします。

Qǐng　míngtiān　zǎoshang　qīdiǎn　dǎ　diànhuà　jiàoxǐng　wǒ.
请 明天 早上 七点 打 电话 叫醒 我。
チン　ミンティエン　ザオシャン　チーディエン　ダー　ディエンホワ　ジャオシン　ウオ

PART 4

すぐに話せる！中国旅行重要フレーズ

109

19课 ホテル〈苦情〉

役に立つ表現

☐ 部屋に鍵を置き忘れました。

Wǒ bǎ yàoshi wàngzài fángjiān le.
我 把 钥匙 忘在 房间 了。
ウオ バ ヤオシ ワンザイ ファンジエン ラ

☐ エアコンがこわれています。

Kōngtiáo huài le.
空调 坏 了。
コンティアオ ホワイ ラ

☞ "坏"は「故障する」

☐ お湯が出ないのです。

Méiyǒu rèshuǐ.
没有 热水。
メイヨウ ルーシュエイ

関連表現・事項

☐ 今部屋を掃除してもらえませんか？

Nǐ néng xiànzài dǎsǎo yíxià fángjiān ma?
你 能 现在 打扫 一下 房间 吗？
ニー ノン シエンザイ ダーサオ イーシア ファンジエン マ

☞ "打扫房间"は「部屋を掃除する」。

すぐに使えるフレーズ

☐ タオルがないのですが。

Méiyǒu máojīn.
没有 毛巾。
メイヨウ　マオジン

☐ 部屋を変えてほしいのですが。

Qǐng gěi wǒ huàn yíxià fángjiān.
请 给 我 换 一下 房间。
チン　ゲイ　ウオ　ホアン　イーシア　ファンジエン

☐ 部屋が掃除されていません。

Fángjiān méiyǒu dǎsǎo.
房间 没有 打扫。
ファンジエン　メイヨウ　ダーサオ

☐ テレビが故障しています。

Diànshì huài le.
电视 坏 了。
ディエンシィ　ホワイ　ラ

☐ 誰かよこしてください。

Qǐng lái ge rén.
请 来 个 人。
チン　ライ　ゴー　レン

☐ トイレの水が流れません。

Mǎtǒng huài le, shuǐ liúbúxiàqù.
马桶 坏 了，水 流不下去。
マートン　ファイ　ラ　シュエイ　リウブシアチュイ

20课 ホテル〈チェックアウト〉

役に立つ表現

□ チェックアウトは何時ですか？

Jǐ diǎn bànlǐ tuìfáng shǒuxù?
几点 办理 退房 手续？
ジィディエン バンリー トゥイファン ショウシュイ

□ チェックアウトしたいのですが。

Wǒ xiǎng bàn tuìfáng shǒuxù.
我 想 办 退房 手续。
ウオ シアン バン トゥイファン ショウシュイ

☞ "办手续" は「手続きをする」。

□ 部屋を2時まで使ってもいいですか？

Kěyǐ yòng fángjiān dào liǎng diǎn ma?
可以 用 房间 到 两 点 吗？
コーイー ヨン ファンジエン ダオ リヤン ディエン マ

☞ "到" は「…まで」。"两点は「2時」。"二点" とは言いません。

関連表現・事項

□ クレジットカードで支払えますか？

Néng yòng zhège xìnyòngkǎ ma?
能 用 这个 信用卡 吗？
ノン ヨン ジェイゴ シンヨンカー マ

「〜で」　「カード」

すぐに使えるフレーズ

□ 荷物を預かってほしいのです。

Wǒ xiǎng yào jìcún yíxià xíngli?
我想要寄存一下行李？
ウオ シアン ヤオ ジイツゥン イーシア シンリー

□ タクシーを呼んでいただけませんか？

Nǐ néng bāng wǒ jiào yí liàng chūzūchē ma?
你能帮我叫一辆出租车吗？
ニー ノン バン ウオ ジアオ イー リヤン チューズゥチョー マ

☞ "出租车"は「タクシー」。"的士"[ディーシ]とも言います。
"辆"は車を数える量詞で,「台,両」。"帮" = "帮助",「助ける,手伝う」。

□ 空港行きの次のバスは何時に出ますか？

Xiàtàng qù jīchǎng de gōnggòng qìchē jǐ diǎn fāchē?
下趟去机场的公共汽车几点发车？
シアタン チュイ ジーチャンダ ゴンゴン チイチョー ジィ ディエン ファーチョー

☞ "趟"は往復する回数を数える量詞。"去机场的"は「空港行きの」の意味。

□ もう一泊したいのですが。

Wǒ xiǎng zài zhù yì wǎn.
我想再住一晚。
ウオ シアン ザイ ジュウ イー ワン

☞ "住一晚"は「一晩泊まる」,つまり「一泊まる」。二泊なら "两晚"[リャワン]。

□ 一日早く発ちたいのですが。

Wǒ xiǎng zǎo yì tiān chūfā.
我想早一天出发。
ウオ シアン ザオ イー ティエン チュウファ

PART 4

すぐに話せる！中国旅行重要フレーズ

21课 レストラン / 食事する

役に立つ表現

□ A: ご予約はございますか？

Nín yǒu méiyǒu yùdìng xiānsheng?
您 有 没有 预订，先生？
ニン ヨウ メイヨウ ユィディン シエンシュヨン

□ B: はい。中村といいます。

Yǒu. wǒ jiào Zhōngcūn.
有。我 叫 中村。
ヨウ ウオ ジアオ ジョンツン

□ A: いらっしゃいませ。何名様ですか？

Huānyíng guānglín. jǐ wèi?
欢迎 光临。几 位？ ☜ 人のていねいな数え方の単位
ホアンイン グアンリン ジィ ウェイ

□ B: 3人です。座席はありますか？

Sān wèi. Yǒu zuòwèi ma?
三 位。有 座位 吗？
サン ウェイ ヨウ ズゥオウエイ マ

関連表現・事項

□ 何がおすすめですか？

Zhèr yǒu shénme hǎo cài?
这儿 有 什么 好 菜？
ジョアル ヨウ シェンモ ハオ ツァイ

☞ "好菜"は「おいしい料理」すなわち「おすすめの料理」。
ここの"什么"は「なにか（の）」の意味。

すぐに使えるフレーズ

□ 田中といいます。予約をしてあるのですが。

Wǒ jiào Tiánzhōng. Wǒ yǐjīng yùdìng le.
我叫田中。我已经预订了。
ウオ ジアオ ティエンジョン ウオ イージン ユイディン ラ

☞ "已经"は「すでに，もはや，もう」の意味。"了"は動作・行為の完了を示します。"已经～了"はある動作・行為がすでに完了したことを表します。

□ 2人用の席はありますか？

Yǒu liǎng ge rén de zuòwèi ma?
有两个人的座位吗？
ヨウ リヤン ゴ レン ダ ズゥオウエイ マ

☞ "**两个人**"は「2人」。"二人"とは言いません。

□ いつごろ席がとれますか？

Shénme shíhou néng děng dào zuòwèi?
什么时候能等到座位？
シェンモ シーホウ ノン ドン ダオ ズゥオウエイ

□ また来ます。

Xiàcì zài lái.
下次再来。
シアツー ザイ ライ

□ 窓際のテーブルをお願いします。

Wǒ xiǎng yào ge kàochuāng de zuòwèi.
我想要个靠窗的座位。
ウオ シアン ヤオ ゴ カオチュワン ダ ズゥオウエイ

☞ "**靠窗的**"は「窓際の，窓のそばの」。

PART 4 すぐに話せる！中国旅行重要フレーズ

☐ 禁煙席をお願いします。

Wǒ xiǎng yào jìnyānxí.
我 想 要 禁烟席。
ウオ シアン ヤオ ジンイエンシー

☐ 喫煙席はありますか？

Wǒ xiǎng yào xīyānxí.
我 想 要 吸烟席。
ウオ シアン ヤオ シーイエンシー

☐ 別のテーブルがいいのですが。

Wǒ xiǎng yào biéde zuòwèi.
我 想 要 别的 座位。
ウオ シアン ヤオ ビエダ ズゥオウエイ

☞ "**别的**" は「別の，外の」。

☐ A: 灰皿はいりますか？

Nǐ yào yānhuī gāng ma?
你 要 烟灰 缸 吗？
ニー ヤオ イエンホェイ ガン マ

☐ B: いりません，ありがとう。

Bú yào, xièxie.
不 要，谢谢。
ブゥ ヤオ シエシエ

□ A: あなたはタバコを吸いますか？

Nǐ chōuyān ma?
你 抽烟 吗？
ニー チョウイエン マ

□ B: 私はタバコを吸いません。

Wǒ bù chōuyān.
我 不 抽烟。
ウオ ブゥ チョウイエン

□ 私は牛肉を食べません。

Wǒ bù chī niúròu.
我 不 吃 牛肉。
ウオ ブゥ チー ニウロウ

「食べる」

□ A: あなたは白酒（パイチュウ）を飲みますか？

Nǐ hē báijiǔ ma?
你 喝 白酒 吗？
ニー ホー バイチュウ マ

「飲む」

□ B: 私はお酒が飲めません。

Wǒ bú huì hējiǔ.
我 不 会 喝酒。
ウオ ブゥ ホェイ ホージュウ

PART 4

すぐに話せる！中国旅行重要フレーズ

【注文する－食べ物】

□ ちょっと，すみません。

Qǐnwèn　　fúwùyuán!
请问，服务员！
チンウェン　フーウーユワン

□ 注文したいのですが。

Wǒ　xiǎng　diǎncài.
我 想 点菜。
ウオ　シアン　ディエンツァイ

☞ "点菜"は「料理を注文する」の意味。

□ すぐできますか？

Mǎ shàng jiù néng zuòhǎo ma?
马上 就 能 做好 吗？
マーシャン　ジウ　ノン　ズゥオハオ　マ

「すぐ」

□ メニューが見たいのですが。

Wǒ　xiǎng　kàn　yíxià　càidān.
我 想 看 一下 菜单。
ウオ　シアン　カン　イーシア　ツァイダン

□ 日本語のメニューはありますか？

Yǒu　méiyǒu　Rìyǔ　de　càidān?
有 没有 日语 的 菜单？
ヨウ　メイヨウ　ルィユイ　ダ　ツァイタン

□ 子供向けのメニューはありますか？

Yǒu méiyǒu értóng de càidān?
有 没有 儿童 的 菜单？
ヨウ メイヨウ アールトン ダ ツァイダン

□ おすすめ料理を教えてくれませんか？

Yǒu shénme kěyǐ tuījiàn de hǎo cài ma?
有 什么 可以 推荐 的 好菜 吗？
ヨウ シェンモ コーイー トゥイジエン ダ ハオ ツァイ マ

☞ "推荐"は「推薦する，薦める」。
　"好菜"は「おいしい料理」

□ これは何か説明していただけませんか？

Qǐng jièshào yíxià zhè shì shénme cài?
请 介绍 一下 这 是 什么 菜？
チン ジエシャオ イーシア ジョー シー シェンモ ツァイ

☞ "介绍"は「紹介する，説明する」。
　ここの"什么"は疑問代詞で，「なに」。

□ この料理はあの料理より辛いですか？

Zhège cài bǐ nàge cài là ma?
这个 菜 比 那个 菜 辣 吗？
ジェイゴ ツァイ ビー ネイゴ ツァイ ラー マ

「〜より」

□ これはどんな種類の料理ですか？

Zhè shì yìzhǒng shénme cài?
这 是 一种 什么 菜 ? 「料理」
ジョー シー イージョン シェンモ ツァイ

☞ この "什么" は「どんな，どういう」という意味。

□ これをください。

Wǒ xiǎng yào zhège.
我 想 要 这个。
ウオ シアン ヤオ ジェイゴ

□ 北京ダックをお願いします。

Wǒ xiǎng yào yì zhī běijīng kǎoyā.
我 想 要 一 只 北京 烤鸭。
ウオ シアン ヤオ イー ジー ベイジン カオヤー

小動物などを数える量詞

□ かしこまりました。

Hǎo de.
好 的。
ハオ ダ

□ 焼き餃子はありますか？

yǒu méiyǒu guōtiē?
有 没有 锅贴 ?
ヨウ メイヨウ グオティエ

☞「水餃子」は "水饺"［シュウェイジアオ］
　「蒸し餃子」は "蒸饺"［ジュヨンジアオ］

☐ これを食べたことがありますか？

你 吃过 这个 吗？
Nǐ chīguo zhège ma?
ニー チーグオ ジェイゴ マ

☐ 食べたことがあります。

吃过。
Chīguo.
チーグオ

☐ 食べたことがありません。

没 吃过。
Méi chīguo.
メイ チーグオ

☐ 私はこの料理を食べたことがありません。

我 没 吃过 这个 菜。
Wǒ méi chīguo zhège cài.
ウオ メイ チーグオ ジェイゴ ツァイ

PART 4 すぐに話せる！中国旅行重要フレーズ

【注文する―飲み物】

□ どんな飲み物がありますか？

Dōu yǒu xiē shénme yǐnliào?
都 有 些 什么 饮料？
ドォウ ヨウ シエ シェンモ インリアオ

□ ビールを１本ください。

Wǒ xiǎng yào yìpíng píjiǔ.
我 想 要 一瓶 啤酒。
ウオ シアン ヤオ イーピン ピージウ

☞「１杯」は「一杯」。「水を一杯」ほしいときは，一杯 水
　　　　　　　［イーベイ］　　　　　　　　　　　　　　　　　　　　　［イーベイ　シュウェイ］

□ 老酒を１本ください。

Wǒ xiǎng yào yìpíng lǎojiǔ.
我 想 要 一瓶 老酒。
ウオ シアン ヤオ イーピン ラオジウ

□ あなたは紹興酒が好きですか？

Nǐ xǐhuan shàoxīngjiǔ ma?
你 喜欢 绍兴酒 吗？
ニー シーホワン シャオシンジウ マ

「～が好き」

【テーブルで】

□ あなたはどんな料理を食べるのが好きですか？

Nǐ　xǐhuan　chī　shénme　cài?
你 喜欢 吃 什么 菜 ？
ニー　シーホワン　チー　シェンモ　ツァイ

「料理」

□ 日本料理と中華料理のどちらが食べたいですか？

Nǐ　xiǎng　chī　Rìběncài　háishi　zhōngguócài?
你 想 吃 日本菜 还是 中国菜 ？
ニー　シアン　チー　ルイベンツァイ　ハイシー　ジョングオツァイ

「あるいは」

□ どの料理が一番好きですか？

Nǐ　zuì'ài　chī　nǎ　dàocài?
你 最 爱 吃 哪 道 菜 ？
ニー　ズェイアイ　チー　ナー　ダオツァイ

料理を数える数量詞

□ あなたは料理ができますか？

Nǐ　huì　zuòcài　ma?
你 会 做菜 吗 ？
ニー　ホェイ　ズゥオツァイ　マ

□ 私はこの料理が作れます。

Wǒ　huì　zuò　zhè　dàocài.
我 会 做 这 道 菜 。
ウオ　ホェイ　ズォウ　ジョー　ダオツァイ

PART 4　すぐに話せる！中国旅行重要フレーズ

CD 63

□ 私は料理をするのが好きです。

Wǒ xǐhuan zuòcài.
我 喜欢 做菜。
ウオ シーホワン ズゥオツァイ

□ 私はダイエット中です。

Wǒ zài jiǎnféi.
我 在 减肥。
ウオ ザイ ジエンフエイ

「私は〜しているところ」

□ この料理は甘くて苦い。

Zhège cài yòu tián yòu kǔ.
这个 菜 又 甜 又 苦。
ジェイゴ ツァイ ヨウ ティエン ヨウ クー

(又A〜又B…「Aでもあり、Bでもある」)

□ この料理はちょっと塩辛い。

Zhège cài yǒudiǎnr xián.
这个 菜 有点儿 咸。
ジェイゴ ツァイ ヨウディアール シエン

□ A: 辛いですか？

Là bu là?
辣 不 辣？
ラー ブゥ ラー

□ B: 少し辛いです。

Yǒu diǎnr là.
有点儿 辣。
ヨウディアール ラー

□ たいへん香りがいいです。

Tài xiāng le.
太 香 了。
タイ シアン ラ

【支払い】

□ A: ほかに何かお持ちしましょうか？

Nín hái yào xiē shénme ma?
您 还 要 些 什么 吗？
ニン ハイ ヤオ シエ シェンモ マ

□ B: いいえ，結構です。勘定をお願いします。

Bù. Xièxie. Wǒ xiǎng jiézhàng.
不。 谢谢。 我 想 结帐。
ブゥ シエシエ ウオ シアン ジエジャン

□ 勘定をお願いします。

Qǐng jiézhàng.
请 结帐。
チン ジエジャン

□ おつりがまちがっています。

Nǐ zhǎocuò le.
你 找错 了。
ニー ジャオツゥオ ラ

「まちがっている」
その反義語は "对"（正しい）
ドゥイ

□ 領収書がほしいのですが。

Wǒ xiǎng yào yì zhāng fāpiào.
我 想 要 一 张 发票。
ウオ シアン ヤオ イー ジャン ファーピヤオ

「枚」

22课 屋台

ショート対話

□ A: すみません。これは何ですか？

Qǐngwèn　zhè　shì　shénme?
请问，这 是 什么？
チンウェン　ジョー シー シェンモ

□ B: これはワンタンです。

Zhè　shì　húntún.
这 是 馄饨。
ジョー シー フントゥン

□ A: 2つください。

Lái　liǎngwǎn!
来 两碗！
ライ　リアンワン

□ 唐辛子は入れないでください。

Bú　yào　fàng　làjiāo.
不 要 放 辣椒。
プゥ ヤオ ファン ラージアオ

関連表現・事項

□ これを持ち帰ることはできますか？

Néng　bǎ　zhège　dài　huíqu　ma?
能 把 这个 带 回去 吗？
ノン バ ジェイゴ ダイ ホエイチュイ マ

☞ "带"は「携帯する，持つ」の意味。"回去"はもとの所へ戻る，あるいは戻すことを示します。"带 回去"で「持ちかえる」という意味になります。

すぐに使えるフレーズ

□ おかゆをください。

Qǐng gěi wǒ yìwǎnzhōu.
请 给 我 一碗粥。
チン ゲイ ウオ イーワンジョウ

□ 水餃子はありますか？

Yǒu méiyǒu shuǐjiǎo?
有 没有 水饺？
ヨウ メイヨウ シュウェイジアオ

☞ 「焼き餃子」は"锅贴"［グオテイエ］、「蒸し餃子」は"蒸饺"［ジヨンジアオ］でしたね。（120ページ）

□ これとこれ、ひとつずつください。

Zhège hé zhège gè yào yífènr.
这个 和 这个， 各 要 一份儿。
ジェイゴ フー ジェイゴ ゴー ヤオ イーフェル

「〜と」

語気を和らげる効果がある

□ ここで食べます。

Zài zhèr chī.
在 这儿 吃。
ザイ ジョアル チー

□ 持ち帰ります。

Dài huíqu.
带 回去。
ダイ ホエイチュイ

□ ここに座ってもいいですか？

Kěyǐ zuò zài zhèli ma?
可以 坐 在 这里 吗？
コーイー ズゥオ ザイ ジョーリー マ

PART 4

すぐに話せる！中国旅行重要フレーズ

23课 ショッピング〈品物を探す〉

ショート対話

□ A: いらっしゃいませ。何をお探しですか？

Huānyíng guānglín. Nín xiǎng mǎi diǎnr shénme?
欢迎 光临。 您 想 买 点儿 什么？
ホワンイン グワンリン ニン シアン マイ ディアール シェンモ

☞「売る」は "卖" [mài]。

「買う」、「売る」は "卖" mài マイ

□ B: シルクのブラウスを見たいのですが。

Wǒ xiǎng kànkan sīchóu chènshān.
我 想 看看 丝绸 衬衫。
ウオ シアン カンカン スーチョウ チェンシャン

「ちょっと～をする」

□ B: ただ見ているだけです。

Wǒ zhǐ shì kànkan.
我 只 是 看看。
ウオ ジー シー カンカン

関連表現・事項

「この土地特有のおみやげを買いたいのですが」

Wǒ xiǎng mǎi xiē yǒu zhèli dìfāng tèsè de.
我 想 买 些 有 这里 地方 特色 的
ウオ シアン マイ シエ ヨウ ジョーリー ディーファン トーソー ダ

tǔtèchǎn
土特产。
トゥトーチャン

すぐに使えるフレーズ

□ これに似たジャケットはありますか？

Yǒu méiyǒu hé zhège chàbuduō de shàngyī?
有 没有 和 这个 差不多 的 上衣？
ヨウ メイヨウ ホー ジェイゴ チャアブゥドゥオ ダ シャンイー

☞ "差不多"は「ほとんど同じ」の意味。"和这个差不多的"は「これとだいたい同じの」。

□ 婦人［紳士］靴は置いていますか？

Yǒu nǚxié nánxié ma?
有 女鞋［男鞋］吗？
ヨウ ニュイシエ ナンシエ マ

□ チャイナドレスがほしいのですが。

Wǒ xiǎng yào yíjiàn qípáo.
我 想 要 一件 旗袍。
ウオ シアン ヤオ イージエン チーパオ

□ どんなおみやげが喜ばれますか？

Nǎxiē tǔtèchǎn shòu huānyíng?
哪些 土特产 受 欢迎？
ネイシエ トゥトーチャン ショウ ホワンイン

☞ "些"は「いくつか」。"土特产"は「おみやげ」。「品物」なら"东西"［トンシ］。

□ ここの特産品は何ですか？

Zhèli de tèchǎn shì shénme?
这里 的 特产 是 什么？
ジョーリー ダ トーチャン シー シェンモ

□ これは漢方薬ですか？

Zhè shì zhōngyào ma?
这 是 中药 吗？
ジョー シー ジョンヤオ マ

□ これは花茶ですか？

Zhè shì huāchá ma?
这 是 花茶 吗？
ジョー シー ホァーチャー マ

□ これは上海の雑誌ですか？

Zhè shì shànghǎi de zázhì ma?
这 是 上海 的 杂志 吗？
ジョー シー シャンハイ ダ ザージー マ

日本語の漢字で書くと"雑誌"ですね。

□ その化粧品を見ることはできますか？

Néng kànkan nàge huàzhuāngpǐn ma?
能 看看 那个 化妆品 吗？
ノン カンカン ネイゴ ホワージュアンピン マ

☞ 「指輪」なら "戒指" [ジェジィー] を "化妆品" と差し替えて使います。
那个 は「その，あの」。

□ これはどのように使うのですか？

Zhège zěnme yòng?
这个 怎么 用？
ジェイゴ ゼンモ ヨン

- ☐ ジャッキーチェンのDVDはありますか？

有 成龙 的 DVD 吗？
Yǒu Chénglóng de ma?
ヨウ チョンロン ダ マ

- ☐ ここに染みがあります。

这儿 脏 了。
Zhèr zāng le.
ジョァル ザン ラ

- ☐ ここが破けています。

这儿 破 了。
Zhèr pò le.
ジョァル ポー ラ

- ☐ 取り換えてください。

请 给 我 换 一个。
Qǐng gěi wǒ huàn yíge.
チン ゲイ ウオ ホァン イーゴ

- ☐ 味見をしてもいいですか？

可以 尝尝 吗？
Kěyǐ chángchang ma?
コーイー チャンチャン マ

「ちょっと味見をする」

PART 4

すぐに話せる！中国旅行重要フレーズ

131

24课 ショッピング〈試してみる〉

ショート対話

□ A: これでLサイズはありますか？

Zhège yǒu dàhào de ma?
这个 有 大号 的 吗？
ジェイゴ ヨウ ダーハオ ダ マ

☞ Sサイズ **小号**［シャオハオ］ / Mサイズ **中号**［ジョンハオ］
Lサイズ **大号**［ダーハオ］ / XLサイズ **特大号**［トーターハオ］

□ B: あります，これはいかがですか？

Yǒu, zhèjiàn zěnmeyàng?
有，这件 怎么样？
ヨウ ジェイジェン ゼンモヤン

□ A: これが気に入ったわ。

Wǒ kànzhòng zhèjiàn le.
我 看中 这件 了。
ウオ カンジョン ジェイジェン ラ

関連表現・事項

「どのデザインが今いちばんはやっているのですか？」

Nǎ yī zhǒng kuǎnshì shì xiànzài zuì liúxíng de?
哪一种 款式 是 现在 最 流行 的？
ナー イー ジョン クワンシ シー シエンザイ ズェイ リウシン ダ

☞ "款式" は「(窓具，服装などの)」デザイン
"现在" は「現在」「今」

すぐに使えるフレーズ

□ これを試着してもいいですか？

Kěyǐ shìchuān yíxià ma?
可以 试穿 一下 吗？
コーイー　シーチュワン　イーシア　マ

☞ "穿"は「着る，はく」。

□ 手にとってもいいですか？

Kěyǐ yòng shǒuná ma?
可以 用 手拿 吗？
コーイー　ヨン　ショウナー　マ

□ もっと大きいものはありますか？

Yǒu zài dà yìdiǎnr de ma?
有 再 大 一点儿 的 吗？
ヨウ　ザイ　ダー　イーディエンル　ダ　マ

☞「小さい」は"小 一点儿 的"［シャオ　イーディエン　ダ］

□ ピッタリ！

Zhèng héshì!
正 合适！
ジョン　ホーシー

□ これは女性用ですか，それとも男性用ですか？

Zhè shì nǚde háishi nánde chuān de?
这 是 女的 还是 男的 穿 的？
ジョー　シー　ニュイダ　ハイシー　ナンダ　チュアンダ

「それとも」

PART 4　すぐに話せる！中国旅行重要フレーズ

☐ 他のものを見たいのですが。

Wǒ xiǎng kànkan qítā de shāngpǐn.
我 想 看看 其他 的 商品。
ウオ シアン カンカン チィター ダ シャンピン

☞ "其他的"は「ほかの，その他の」。

☐ 他の色はありますか？

Yǒu bié de yánsè ma?
有 別的 颜色 吗？
ヨウ ビエ ダ イエンソー マ

☞ "別的"は「別の，他の」。"其他的"とほぼ同じ意味。
　"颜色"は色彩のこと。

☐ ほかのブランドはありますか？

Yǒu méiyǒu bié de páizi de?
有 没有 別的 牌子 的？
ヨウ メイヨウ ビエ ダ パイズ ダ

☞ 「種類」なら "种类"［ジョンレイ］

☐ どのマークの品物がよいのですか？

Nǎ zhǒng páizi de hǎo?
哪 种 牌子 的 好？
ナー ジョン パイズ ダ ハオ

☞ "哪种"の"种"は「種」「種類」の意味。
　"牌子"は"商标"（商標），「マーク」

□ この口紅をください。

Wǒ xiǎng yào zhège kǒuhóng.
我 想 要 这个 口红。
ウオ シアン ヤオ ジェイゴ コウホーン

□ これを3つください。

Wǒ xiǎng yào sān ge.
我 想 要 三 个。
ウオ シアンヤオ サン ゴ

☞ "个" は最を広く用いられる量詞で,「個」。

□ これは要りません。

Zhège bú yào le.
这个 不 要 了。
ジェイゴ ブゥ ヤオ ラ

□ すみません。要りません。

Duìbuqǐ bú yào.
对不起, 不要。
ドゥイブゥチィ ブゥ ヤオ

□ これを買いたいのですが。

Wǒ xiǎng mǎi zhège.
我 想 买 这个。
ウオ シアン マイ ジェイゴ

PART 4

すぐに話せる！中国旅行重要フレーズ

135

25课 ショッピング〈値段交渉と支払い〉

ショート対話

□ A: これはいくらですか？

Zhège duōshao qián?
这个 多少 钱？
ジェイゴ ドゥオシャオ チエン

□ B: 500元です。

Wǔbǎi kuài.
五百 块。
ウーバイ クワイ

□ A: 高いですね。

Hěn guì.
很 贵。
ヘン グェイ

□ A: 安いですね。

Zhēn piányi.
真 便宜。
ジェン ピエンイ

関連表現・事項

■中国の金額の言い方

□**块** □**毛** □**分** ＋（钱）
　クワイ　　マオ　　フェン　　　チェン

☞ 中国の通貨 は人民元。
最大金額の紙幣は100元, 最小は金額は硬貨で1分。

136

すぐに使えるフレーズ

☐ **A: これは税込みでいくらですか？**

Zhège jiāshàng shuì yígòng duōshao qián?
这个 加上 税 一共 多少 钱？
ジェイゴ ジャーシャン シュエイ イーゴン ドゥオシャオ チエン

☐ **B: 6元です。**

Liù kuài.
六 块 。
リウ クワイ

書き言葉は"元"（P.156 参照）

☐ **A: 高すぎます。**

Tài guì le.
太 贵 了 。
タイ グェイ ラ

☐ **値引きできますか？**

Néng piányi yìdiǎnr ma?
能 便宜 一点儿 吗？
ノン ピエンイ イーディエンル マ

☞ "便宜"はもともと「安心」という意味ですが，ここでは「安くする」という意味で使われています。

☐ **5元ちょうどでどうですか？**

Wǔ kuài qián zěnmeyàng?
五 块 钱 怎么样？
ウー クワイ チエン ゼンモヤン

☐ **これをください。**

Wǒ xiǎng yào zhège.
我 想 要 这个 。
ウオ シアン ヤオ ジェイゴ

PART 4

すぐに話せる！中国旅行重要フレーズ

□ レジはどこですか？

Shōukuǎnchù zài nǎr?
收款处 在 哪儿？
ショウクアンチュウ ザイ ナール

□ トラベラーズチェックで支払えますか？

Néng yòng lǚxíng zhīpiào fùkuǎn ma?
能 用 旅行 支票 付款 吗？
ノン ヨン リュイシン ジーピヤオ フークワン マ

「使う」「用いる」

□ このクレジットカードは使えますか？

Néng yòng zhège xìnyòngkǎ ma?
能 用 这个 信用卡 吗？
ノン ヨン ジェイゴ シンヨンカー マ

□ おつりがまちがっています。

Nǐ zhǎo de qián cuò le.
你 找 的 钱 错 了。
ニー ジャオ ダ チェン ツゥオ ラ

□ 領収書がほしいのですが。

Wǒ xiǎng yào yì zhāng fāpiào.
我 想 要 一 张 发票。
ウオ シアン ヤオ イー ジャン ファピヤオ

写真や切手などの平らなものを数える数量詞

【包装・返品】

☐ 買い物袋がほしいのですが。

Wǒ xiǎng yào yí ge gòuwùdài.
我 想 要 一 个 购物袋。
ウオ シアン ヤオ イー ゴ ゴウウーダイ

☐ これを贈り物用に包んでくださいますか？

Qǐng nín yòng lǐpǐnzhǐ bāozhuāng yíxià.
请 您 用 礼品纸 包装 一下。
チン ニン ヨン リーピンジー バオジュワン イーシア

☐ これを日本へ送ってもらいたいのですが。

Wǒ xiǎng bǎ zhège jìdào Rìběn.
我 想 把 这个 寄到 日本。
ウオ シアン バ ジェイゴ ジイダオ ルィベン

☞ "把"は「〜を…（する）」。

☐ これを返品したいのですが。

Wǒ xiǎng bǎ zhège tuì le.
我 想 把 这个 退 了。
ウオ シアン バ ジェイゴ トゥイ ラ

「返品する」

26课 道をたずねる

ショート対話

□ A: ここから遠いですか？

离 这儿 远 吗？
Lí zhèr yuǎn ma?
リー ジョァル ユアン マ

□ B: ちょっと遠いですね。

有 点儿 远。
Yǒu diǎnr yuǎn.
ヨゥ ディアール ユアン

□ A: ちょっとおたずねします。駅へはどう行けばいいでしょうか？

请问， 去 车站 怎么 走？
Qǐngwèn, qù chēzhàn zěnme zǒu?
チンウェン チュイ チョージャン ゼンモ ゾウ

□ B: まっすぐ行ったところにあります。

一 直 走 就 是。
Yì zhí zǒu jiù shì.
イー ジー ゾウ ジウ シー

関連表現・事項

□ 北京ではどんな交通手段がいちばん便利ですか？

在 北京 哪 种 交通 工具 最 方便？
Zài Běijīng něi zhǒng jiāotōng gōngjù zuì fāngbiàn?
ザイ ベイジン ネイ ジョン ジアオトン ゴンジュイ ズェイ ファンビエン

☞ "方便"は「便利」。否定は"不方便"である。

すぐに使えるフレーズ

□ 道を教えてほしいのですが。

Wǒ xiǎng wèn yíxià lù.
我 想 问 一下 路。
ウオ　シアン　ウェン　イーシア　ルゥ

□ 長安街はどこですか？

Cháng'ānjiē zài nǎr?
长安街 在 哪儿？
チャンアンジエ　ザイ　ナール

□ どこにいちばん行きたいですか？

Nǐ zuì xiǎng qù nǎr?
你 最 想 去 哪儿？
ニー　ズエイ　シアン　チュイ　ナール

□ あなたはどこに行くのですか？

Nǐ qù nǎr?
你 去 哪儿？
ニー　チュイ　ナール

□ 何か目印はありますか？

Yǒu shénme biāoshì ma?
有 什么 标示 吗？
ヨウ　シェンモ　ビアオシー　マ

「目印」

141

□ ここから駅までどれくらいありますか？

Cóng zhèli dào chēzhàn yǒu duōyuǎn?
从 这里 到 车站 有 多远？
ツォン ジョーリー ダオ チョージャン ヨウ ドゥオユアン

→ 距離をたずねる疑問詞

□ ここからそこへ歩いて行けますか？

Néng cóng zhèli zǒuzhe qù ma?
能 从 这里 走着 去 吗？
ノン ツォン ジョーリー ゾウジョア チュイ マ
　　　　　　　　　　　　「歩く」　「行く」

☞ "从"は「〜から」。
　"動詞1＋着＋動詞2"の形で，（〜の状態で…する）を表す。
　"走着去"は「歩いて行く」。
　例："坐着看"は「座って見る」。

□ すみません。ここはどこですか？

Qǐngwèn zhè shì nǎr?
请问，这 是 哪儿？
チンウエン ジョー シー ナール

□ すみません。どちらが北ですか？

Qǐngwèn nǎbiān shì běi?
请问，哪边 是 北？
チンウエン ナービエン シー ベイ

□ すみません。動物園はどこにありますか？

Qǐngwèn　　dòngwùyuán　　zài　　nǎr?
请问，动物园 在 哪儿？
チンウエン　ドンウーユアン　ザイ　ナール

☞ "哪儿" "哪里" 「どこ，どちら」。
　 "那儿" "那里" は「あそこ」

□ バス停がどこにあるか教えていただけますか？

Qǐngwèn　　gōnggòng　　qìchēzhàn　　zài　　nǎr?
请问，公共 汽车站 在 哪儿？
チンウエン　ゴンゴン　チイチョージャン　ザイ　ナール

□ 駅までの道を教えていただけますか？

Qǐngwèn　　qù　　chēzhàn　　zěnme　　zǒu
请问，去 车站 怎么 走？
チンウエン　チュイ　チョージャン　ゼンモ　ゾウ

☞ "站" は「駅」。
　 "怎么" は疑問代詞で，「どう，どのように」。

□ 右の方ですか，左の方ですか？

Shì　　yòubian　　háishi　　zuǒbian?
是 右边 还是 左边？
シー　ヨウビエン　ハイシー　ズオビエン

「それとも」

□ この通りはなんと言いますか？

Zhè　tiáo　lù　jiào　shénme　lù?
这 条 路 叫 什么 路？
ジェイ　ティアオ　ルゥ　ジアオ　シェンモ　ルゥ

「(名前は)～と言う」

PART 4

すぐに話せる！中国旅行重要フレーズ

27课 観光する〈美術館・博物館〉

役に立つ表現

□ 観光案内所はどこですか？

旅游 问询处 在 哪儿？
Lǚyóu wènxúnchù zài nǎr?
リュイヨウ ウエンシュインチュウ ザイ ナール

□ 日本語の案内書はありますか？

有 日语 的 介绍 资料 吗？
Yǒu Rìyǔ de jièshào zīliào ma?
ヨウ ルィユイ ダ ジエシャオ ズーリャオ マ

"介绍资料"は「案内，説明書」という意味。

□ このパンフレットを一つもらってもいいですか？

可以 要 一 本 旅游 手册 吗？
Kěyǐ yào yì běn lǚyóu shǒucè ma?
コーイー ヤオ イー ベン リュイヨウ ショウツァ マ

関連表現・事項

□ 日本語の話せるガイドが付いた観光ツアーはありますか？

有 带 日语 导游 的 旅游团 吗？
Yǒu dài Rìyǔ dǎoyóu de lǚyóutuán ma?
ヨウ ダイ ルィユイ ダオヨウ ダ リュイヨウトワン マ

☞ "带"は「付帯している，付いている」。"日语导游"は「日本語の話せる観光ガイド」。「通訳」は"翻译"[ファンイー]。と言います。

すぐに使えるフレーズ

☐ 観光ツアーはありますか？

Yǒu tuántǐ lǚyóu ma?
有 团体 旅游 吗？
ヨウ トワンティ リュヨウ マ

☐ ツアーのパンフレットがほしいのですが。

Wǒ xiǎng yào yì běn lǚyóutuán de xiǎocèzi.
我 想 要 一 本 旅游团 的 小册子。
ウオ シアン ヤオ イー ベン リュイヨウトワン ダ シャオツァズ

☞ "旅游团"は「ツアー」。"本"は，本やノートなど数える量詞で，「冊」。

☐ ここでツアーの申し込みはできますか？

Néng zài zhèli bàomíng cānjiā lǚyóutuán ma?
能 在 这里 报名 参加 旅游团 吗？
ノン ザイ ジョーリー バオミン ツァンジア リュイヨウトワン マ

☐ ガイドさんはどなたですか？

Shéi shì dǎoyóu?
谁 是 导游？
シェイ シー ダオヨウ

☐ 市内観光をしたいのですが。

Wǒ xiǎng zài shìnèi guānguāng.
我 想 在 市内 观光。
ウオ シアン ザイ シーネイ グワングワン

☞ "在市内观光"は「市内で観光する」。
「遊園地」は"游乐园"［ヨウルゥユアン］。

PART 4
すぐに話せる！中国旅行重要フレーズ

□ 史跡に行きたいのですが。

Wǒ xiǎng qù kànkan míngshèng gǔjī.
我 想 去 看看 名胜 古迹。
ウオ シアン チュイ カンカン ミンシュヨン グージー

☞ "**名胜古迹**" は「名所旧跡」。

□ 私は敦煌に行ったことがありません。

Wǒ méi qùguo Dūnhuáng.
我 没 去过 敦煌。
ウオ メイ チュイグオ ドゥンホワン

「〜しなかった、していない」事実を否定している。

□ 寒山寺へ行きたいのですが。

Wǒ xiǎng qù Hánshānsì.
我 想 去 寒山寺。
ウオ シアン チュイ ハンシャンスー

□ 万里の長城はいつ造られたのですか？

Chángchéng shì shénme shíhou xiūjiàn de?
长城 是 什么 时候 修建 的？
チャンチュヨン シー シェンモ シーホウ シウジエン ダ

☞ "**修建**" は「建造する」「修築する」。

□ この公園は何という名前ですか？

Zhège gōngyuán jiào shénme míngzi?
这个 公园 叫 什么 名字？
ジェイゴ ゴンユアン ジアオ シェンモ ミンズ

☞ "**叫**" は「(名前は) 〜と言う」。

□ あれは何ですか？

Nà shì shénme?
那 是 什么？
ナー シー シェンモ

【美術館・博物館】

□ 中国美術館に行きたいのですが。

Wǒ xiǎng qù Zhōngguó měishùguǎn.
我 想 去 中国 美术馆。
ウオ シアン チュイ ジョングオ メイシュウグワン

□ バスで美術館へ行くにはどこで乗り換えればいいでしょう？

Zuò gōnggòng qìchē qù měishùguǎn, zài nǎr huànchē?
坐 公共 汽车 去 美术馆，在 哪儿 换车？
ズゥオ ゴンゴン チィチョー チュイ メイシュウグワン ザイ ナール ホワンチョー

□ この博物館のパンフレットはありますか？

Yǒu méiyǒu zhège bówùguǎn de jièshào?
有 没有 这个 博物馆 的 介绍？
ヨウ メイヨウ ジェイゴ ボーウーグワン ダ ジエシャオ

☞ "介绍"はここでは名詞で，「案内書，パンフレット」。

□ 展示物のカタログはありますか？

Yǒu zhǎnpǐn de mùlù ma?
有 展品 的 目录 吗？
ヨウ ジャンピン ダ ムールー マ

PART 4

すぐに話せる！中国旅行重要フレーズ

□ A: 入場券はいくらですか？

Ménpiào duōshao qián?
门票 多少 钱？
メンピヤオ ドゥオシャオ チエン

□ B: 20元です。

Èrshí kuài qián.
二十 块 钱。
アルシー クワイ チエン

☞ 口語では"1元"は"1块"と言う。

□ A: 大人2枚ください。

Wǒ xiǎng yào liǎngzhāng chéngrén piào.
我 想 要 两张 成人 票。
ウオ シアン ヤオ リヤンジャン チョンレン ピヤオ

☞ "两张"は「2枚」。

□ A: ここに私の物を置いてもいいですか？

Kěyǐ bǎ dōngxi fàng zài zhèr ma?
可以 把 东西 放 在 这儿 吗？
コーイー バ ドンシ ファン ザイ ジョアル マ

「置く」

□ B: いいですよ。

Kěyǐ.
可以。
コーイー

□ B: だめです。

Bù kěyǐ.
不 可以。
ブゥ コーイー

148

☐ この建物の中に入ることはできますか？

Néng jìnrù zhège jiànzhùwù ma?
能 进入 这个 建筑物 吗？
ノン ジンルー ジェイゴ ジェンジュウウー マ

☞ "进入"は「…の中に入る」。

☐ この絵はだれが描いたのですか？

Qǐngwèn zhè zhāng huàr shì shéi huà de?
请问，这 张 画儿 是 谁 画 的？
チンウエン ジェイ ジャン ホアル シー シェイ ホア ダ

「描く」

☐ 出口はどこですか？

Chūkǒu zài nǎr?
出口 在 哪儿？
チューコウ ザイ ナール

「入口は"入口"ルウコウ」

☞ 「非常口」は"太平门"［タイピンメン］

☐ おみやげ売り場はどこですか？

Lǐpǐn shāngdiàn zài nǎr?
礼品 商店 在 哪儿？
リーピン シャンディエン ザイ ナール

☐ お手洗いはどこにありますか？

Xǐshǒujiān zài nǎr?
洗手间 在 哪儿？
シィショウジエン ザイ ナール

品の良い言い方です。

PART 4

すぐに話せる！中国旅行重要フレーズ

28课 写真を撮る

ショート対話

□ A: 写真を撮ってもいいですか？

可以 拍照 吗？
Kěyǐ pāizhào ma?
コーイー パイジャオ マ

☞ "拍照"は「写真を撮る」の意味。「写真」は "照片"（ジャオピェン）と言います。

□ B: いいですよ。

可以。
Kěyǐ.
コーイー

□ B: だめです（禁止を表す）

不 可以。
Bù kěyǐ.
ブゥ コーイー

関連表現・事項

□ フラッシュをたいてもいいですか？

可以 用 闪光灯 吗？
Kěyǐ yòng shǎnguāngdēng ma?
コーイー ヨン シャングワンドン マ

□ いっしょに写真を撮りましょう。

一起 拍照 吧。
Yìqǐ pāizhào ba.
イーチー パイジャオ バ

すぐに使えるフレーズ

□ あなたの写真を撮ってもいいですか？

Kěyǐ gěi nǐ zhào yì zhāng xiàng ma?
可以 给 你 照 一 张 相 吗？
コーイー ゲイ ニー ジャオ イー ジャン シアン マ

□ 写真を撮っていただけますか？

Kěyǐ gěi wǒ zhào zhāng xiàng ma?
可以 给 我 照 张 相 吗？
コーイー ゲイ ウオ ジャオ ジャン シアン マ

「カメラ」は 照相机 ジャオシアンジイ

☞「いいですよ」は"好的。[Hǎo de. ハオダ]"

□ A: このボタンを押すだけです。

Zhǐ yào àn zhège ànniǔ.
只 要 按 这个 按钮。
ジー ヤオ アン ジェイゴ アンニウ

□ B: 撮ります。笑って。

Zhào le a xiàoyixiào yī èr sān!
照 了 啊, 笑一笑 [1,2,3]!
ジャオ ラ ア シアオイーシアオ イー アル サン

□ はい, チーズ！

Zhàola qié zi!
照 啦, 茄 ~ 子！
ジャオラ チエ～ズ

□ もう一枚お願いします。

Qǐng zài zhào yì zhāng.
请 再 照 一 张。
チン ザイ ジャオ イー ジャン

PART 4

すぐに話せる！中国旅行重要フレーズ

29课 観劇・観戦

ショート対話

□ A: 当日券はありますか？

Yǒu jīntiān de piào ma?
有 今天 的 票 吗？
ヨウ ジンティエン ダ ピヤオ マ

☞ "今天"は「今日」。"明天"は「明日」。「あさって」は"后天"。
　　　　　　　　　ミンティエン　　　　　　　　　　　　ホウティエン

□ B: あります。

Yǒu.
有。
ヨウ

□ A: 2枚ください。

Yào liǎng zhāng.
要 两 张。
ヤオ リヤン ジャン

関連表現・事項

□ サッカーの試合が見たいのですが。

Wǒ xiǎng kàn zúqiú bǐsài.
我 想 看 足球 比赛。
ウオ シアン カン ズーチュウ ビーサイ

☞ 「バスケットボール」"**篮球**"［ランチュウ］／「野球」"**棒球**"［バンチュウ］
　　「バレーボール」"**排球**"［パイチュウ］／「テニス」"**网球**"［ワンチュウ］

すぐに使えるフレーズ

□ 映画［芝居 , 雑技 , 京劇］が見たいのですが。

Wǒ xiǎng kàn diànyǐng. xì zájì jīngjù
我 想 看 电影［戏， 杂技， 京剧］。
ウオ シアン カン ディエンイン シー ザージー ジンジュイ

☞ "**看电影**"は「映画を見る」。

□ 切符売り場はどこですか？

Shòupiàochù zài nǎr?
售票处 在 哪儿？
ショウピヤオチュウ ザイ ナール

□ 今, 何を上演していますか？

Jīntiān yǎn shénme?
今天 演 什么？
ジンティエン イエン シェンモ

□ プログラムはありますか？

Yǒu jiémùdān ma?
有 节目单 吗？
ヨウ ジエムーダン マ 「プログラム」

□ A: いつ入場できますか？

Jǐ diǎn kěyǐ rùchǎng?
几点 可以 入场？
ジィ ディエン コーイー ルーチャン

□ B: 2時半からです。

Liǎng diǎn bàn.
两点半。
リヤン ディエン バン

□ ここでチケットは買えますか？

Néng zài zhèr mǎi piào ma?
能 在 这儿 买 票 吗？
ノン ザイ ジョァル マイ ピヤオ マ

□ 学生割引はありますか？

Yǒu xuéshēngpiào ma?
有 学生票 吗？
ヨウ シュエシュヨンピヤオ マ

□ 空席はありますか？

Yǒu méiyǒu kòng wèizi?
有 没有 空 位子？
ヨウ メイヨウ コン ウエイズ

□ 席を予約したいのですが。

Wǒ xiǎng yùdìng zuòwèi.
我 想 预订 座位。
ウオ シアン ユィディン ズゥオウエイ

□ いつ頃席がとれますか？

Shénme shíhou néng děng dào zuòwèi?
什么 时候 能 等 到 座位？
シェンモ シーホウ ノン ドン ダオ ズゥオウエイ

□ 大人1枚ください。

Wǒ xiǎng yào yì zhāng chéngrén piào.
我 想 要 一 张 成人票。
ウオ シアン ヤオ イー ジャン チョンレンピヤオ

□ 次の映画は何時に始まりますか？

Xià chǎng diànyǐng jǐ diǎn kāiyǎn?
下场 电影 几点 开演？
シアチャン ディエンイン ジィ ディエン カイイエン

□ 次に上映する映画のチケットはまだ買えますか？

Hái néng mǎidào xià chǎng diànyǐng de piào ma?
还能 买到 下场 电影 的 票 吗？
ハイ ノン マイダオ シア チャン ディエンイン ダ ピヤオ マ

□ コンサートはいつ始まるのですか？

Yīnyuèhuì shénme shíhou kāishǐ?
音乐会 什么 时候 开始？
インユエホェイ シェンモ シーホウ カイシー

□ 私の席に案内してください。

Néng bāng wǒ zhǎo yíxià zuòwèi ma?
能 帮 我 找 一下 座位 吗？
ノン バン ウオ ジャオ イーシア ズゥオウエイ マ

□ ここに座ってもいいですか？

Kěyǐ zuòzài zhèr ma?
可以 坐在 这儿 吗？
コーイー ズゥオザイ ジョァル マ

PART 4
すぐに話せる！中国旅行重要フレーズ

30课 両替する

ショート対話

□ A: 両替はどこでできますか？

在 哪儿 可以 换 零钱？
Zài nǎr kěyǐ huàn língqián?
ザイ ナール コーイー ホワン リンチエン

□ B: あちらです。

在 那儿。
Zài nàr.
ザイ ナール

□ B: いくら換えますか？

您 换 多少？
Nín huàn duōshao?
ニン ホワン ドゥオシャオ

□ A: 3万です。

三 万。
Sān wàn.
サン ワン

関連表現・事項

■ 中国語の金額の言い方

金の単位は書き言葉と話し言葉で違います。

《書き言葉》
元 yuán ユエン
角 jiǎo ジアオ
分 fēn フェン

《話し言葉》
块 kuài クワイ
毛 máo マオ
分 fēn フェン

すぐに使えるフレーズ

☐ 両替所はどこですか？

Duìhuànchù zài nǎr?
兑换处 在 哪儿？
ドゥイホアンチュー ザイ ナール

☐ 為替レートはどのくらいですか？

Wàihuì páijià shì duōshao?
外汇 牌价 是 多少？
ワイホェイ パイジア シー ドゥオシャオ

☐ 円を人民元に両替したいのですが。

Wǒ xiǎng bǎ rìyuán huànchéng rénmínbì.
我 想 把 日元 换成 人民币。
ウオ シアン バ ルィユアン ホワンチョン レンミンビー

☞ "币"は貨幣のこと。"纸币"［ジービー］は紙幣。"硬币"［インビー］は硬貨。

☐ このトラベラーズチェックを現金にしたいのですが。

Wǒ xiǎng bǎ zhèzhāng lǚxíng zhīpiào huànchéng xiànjīn.
我 想 把 这 张 旅行 支票 换成 现金。
ウオ シアン バ ジェイ ジャンリュイシン ジーピヤオ ホワンチュヨン シエンジン

☐ これを細かくしてください。

Qǐng huànchéng língqián.
请 换成 零钱。
チン ホワンチュヨン リンチエン

動詞+"成"の形で「～にする、～となる」

☞ "零钱"は「小銭，こまかいお金」，"换"は「換える，交換する」。

PART 4 すぐに話せる！中国旅行重要フレーズ

第31课 郵便局で

役に立つ表現

□ 郵便局はどこですか？

邮局 在 哪儿？
Yóujú zài nǎr?
ヨウジュイ ザイ ナール

□ 切手を買いたいのですが。

我 想 买 邮票。
Wǒ xiǎng mǎi yóupiào.
ウオ シアン マイ ヨウピヤオ

☞「記念切手」は"纪念邮票"[ジイニエン ヨウピヤオ]

□ エアメール用の封筒をください。

我 想 要 航空 信封。
Wǒ xiǎng yào hángkōng xìnfēng.
ウオ シアン ヤオ ハンコン シンフォン

□ 速達でお願いします。

请 用 快件。
Qǐng yòng kuàijiàn.
チン ヨン クワイジエン

関連表現・事項

□ この手紙を日本へ送りたいのですが。

我 想 把 这 封 信 寄 往 日本。
Wǒ xiǎng bǎ zhè fēng xìn jì wǎng Rìběn.
ウオ シアン バ ジョー フォン シン ジーン ワン ルィベン

☞ "往"は「〜に向かって，〜の方へ」，動作の方向を表します。

※ 手紙を数える量詞で「通」

すぐに使えるフレーズ

- [ ] これを航空便［船便］で送りたいのですが。

Wǒ xiǎng jì hángkōng hǎiyùn yóujiàn.
我 想 寄 航空 ［海运］ 邮件。
ウオ シアン ジー ハンコン ハイユイン ヨウジェン

「郵送する」

- [ ] 日本に手紙を送るにはどれくらいかかりますか？

Fā xìn dào Rìběn yào duōcháng shíjiān?
发 信 到 日本 要 多长 时间？
ファ シン ダオ ルィベン ヤオ ドゥオチャン シージェン

「〜まで」

- [ ] この小包を船便で日本へ送りたいのですが。

Wǒ xiǎng bǎ zhège bāoguǒ yòng hǎiyùn jìdào Rìběn.
我 想 把 这个 包裹 用 海运 寄到 日本。
ウオ シアン バ ジェイゴ バオグオ ヨン ハイユイン ジイダオ ルィベン

- [ ] これは壊れやすい物です。

Zhè shì yìsuìpǐn.
这 是 易碎品。
ジョー シー イースゥイピン

- [ ] A: 中身は何ですか？

Lǐmiàn shì shénme?
里面 是 什么？
リーミィエン シー シェンモ

- [ ] B: 全部私物です。

Dōu shì sīrénwùpǐn.
都 是 私人物品。
ドゥオウ シー スーレンウーピン

PART 4

すぐに話せる！中国旅行重要フレーズ

32课 電話で

ショート対話

□ A: もしもし，黄さんのお宅ですか？

Wéi shì Huáng xiānsheng jiā ma?
喂，是 黄 先生 家 吗？
ウエイ シー ホアン シエンシュヨン ジアー マ

□ B: はい，だれをおたずねですか？

Shì nín zhǎo shéi?
是，您 找 谁？
シー ニン ジャオ シェイ

□ A: 黄明さんはいらっしゃいますか？

Huáng Míng xiānsheng zài ma?
黄 明 先生 在 吗？
ホアン ミン シエンシュヨン ザイ マ

関連表現・事項

■ いろいろな呼びかけ

◇ 若い女性に対する呼称　　小姐 xiǎojie　シアオジエ

◇ 男性に対する呼称　　　　先生 xiānsheng　シエンシュヨン

◇ 運転手などの呼称　　　　师傅 shīfu　シーフー

すぐに使えるフレーズ

☐ 電話をお借りしてもいいですか？

Kěyǐ yòng yíxià nǐ de diànhuà ma?
可以 用 一下 你 的 电话 吗？
コーイー ヨン イーシア ニー ダ ディエンホワ マ

「使う」

☐ 公衆電話はありますか？

Yǒu méiyǒu gōngyòng diànhuà?
有 没有 公用 电话？
ヨウ メイヨウ ゴンヨン デイエンホワ

☐ 1元にくずしてもらえますか？

Nǐ néng gěi wǒ huàn yíkuài qián de língqián ma?
你能 给 我 换 一块 钱 的 零钱 吗？
ニー ノン ゲイ ウオ ホワン イークワイ チエン ダ リンチエン マ

☞ 口語では"1元"は"1块"。
"1角"は"1毛"と言う。"零钱"は「小銭」。
　ジャオ　　　マオ

☐ A: どちらさまですか？

Qǐngwèn, nín shì nǎwèi?
请问, 您 是 哪位？
チンウェン ニン シー ナーウエイ

☐ B: 私は山田です。

Wǒ shì Shāntián.
我 是 山田。
ウオ シー シャンティエン

PART 4

すぐに話せる！中国旅行重要フレーズ

161

□ 少々お待ちください。

Qǐng shāo děng.
请 稍 等。
チン シャオ ドン

□ 私は本山加代です。周さんをお願いします。

Wǒ shì Běnshān jiādài.
我 是 本山 加代。
ウオ シー ベンシャン ジァーダイ

Kěyǐ hé Zhōu xiānsheng tōnghuà ma?
可以 和 周 先生 通话 吗？
コーイー ホー ジョウ シエンシュヨン トンホワ マ

「と」

□ 伝言をお願いしてもいいですか？

Kěyǐ liúyán ma?
可以 留言 吗？
コーイー リウイエン マ

☞ "留言"は「伝言（する），書き置き（をする）」。
「メモ」なら"条子"［ティアオズ］。

□ 王さんに伝言をお願いしたいのですが。

Wǒ xiǎng gěi Wáng xiānsheng liúyán.
我 想 给 王 先生 留言。
ウオ シアン ゲイ ワン シエンシュヨン リウイエン

☞ "给"は「…に」，物や伝達を受け取る者をみちびく，ここでは「李さん」。

□ もう少しゆっくり話してください。

Qǐng màn diǎnr shuō.
请 慢 点儿 说。
チン マン ディアール シュオ

□ ごめんなさい。間違えました。

Duìbuqǐ　　　dǎcuò　　　diànhuà　le.
对不起，打错 电话 了。
ドゥイブゥチィ　ダーツゥオ　ディエンホワ ラ

□ この電話で国際電話がかけられますか？

Néng yòng zhège　diànhuà　dǎ　guójì　diànhuà ma?
能 用 这个 电话 打 国际 电话 吗？
ノン ヨン ジェイゴ　デイエンホワ ダー グオジイ ディエンホワ マ

☞ "打电话"は「電話をかける」。
"用"は「使う，用いる」，転じて「～で（…する）」という意味で使われています。

□ 日本にコレクトコールで電話をかけたいのですが。

Wǒ　xiǎng wǎng　Rìběn　dǎ　duìfāng　fùfèi　de　diànhuà.
我 想 往 日本 打 对方 付费 的 电话。
ウオ シアン ワン ルイベン ダー ドゥイファン フーフェイ ダ ディエンホワ

☞ "对方的付费电话"は「コレクトコール」。
簡単に言うと，"对付电话"です。
「指名通話」なら"指名电话 [ジーミンディエンホワ]"。

□ 国際電話はどうやってかけるのでしょうか？

Guójì　diànhuà　zěnme　dǎ?
国际 电话 怎么 打？
グオジイ　ディエンホワ ゼンモ　ダー

☞ "怎么＋動詞"の形で用い，方法を教えてもらうときに使います。

PART 4 すぐに話せる！中国旅行重要フレーズ

33课 盗難・紛失

ショート対話

□ B:そちらのお店にカバンを忘れました。

Wǒ de bāo wàng zài nà jiādiàn li le.
我的包忘在那家店里了。
ウオ ダ バオ ワン ザイ ナー ジァディエンリー ラ

□ A:これはあなたのカバンですか？

Zhè shì nǐ de shūbāo ma?
这是你的书包吗？
ジョー シー ニー ダ シュウバオ マ

□ B:いいえ，これは私のカバンではありません。

Bù zhè bú shì wǒ de
不，这不是我的。
ブゥ ジョー ブゥ シー ウオ ダ

関連表現・事項

□ 警察に連れて行っていただけませんか？

Nǐ néng dài wǒ qù gōng'ānjú ma?
你能带我去公安局吗？
ニー ノン ダイ ウオ チュイ ゴンアンジュイ マ

☞ "带"は「連れる」，"公安局"「警察署」。

すぐに使えるフレーズ

☐ 助けてほしいのですが。

Wǒ xūyào bāngzhù.
我 需要 帮助。
ウオ シュイヤオ バンジュー

☐ 困っています。

Méi bàn fǎ.
没 办 法。
メイ バン ファ

☐ 日本語を話す人はいますか？

Yǒu huì shuō Rìyǔ de rén ma?
有 会 说 日语 的 人 吗？
ヨウ ホェイ シュオ ルィユイ ダ レン マ

☞ "会" は「～することができる」。

☐ パスポートをなくしました。

Wǒ diū le hùzhào.
我 丢 了 护照。　「なくす」
ウオ ディウ ラ フージァオ

☐ クレジットカードをなくしました。

Wǒ bǎ xìnyòngkǎ diū le.
我 把 信用卡 丢 了。
ウオ バ シンヨンカー ディウ ラ

☐ 財布を盗まれました。

Qiánbāo bèi tōu le.
钱包 被 偷 了。
チエンバオ ベイ トウ ラ

PART 4　すぐに話せる！中国旅行重要フレーズ

165

☐ 日本大使館の電話番号を知りたいのですが。

Wǒ xiǎng wèn yíxià rìběn dàshǐguǎn de diànhuà hàomǎ.
我想问一下日本大使馆的电话号码。
ウオ シアン ウエン イーシア ルィベン ダーシーグワン ダ ディエンホワ ハオマ

☞ "**电话号码**"は「電話番号」。"**问**"は「尋ねる，聞く」。

☐ 警察を呼んでください。

Qǐng jiào jǐngchá.
请叫警察。
チン ジアオ ジンチャー

☐ 警察署はどこですか？

Gōng'ānjú zài nǎr?
公安局在哪儿？
ゴンアンジュイ ザイ ナール

☐ 盗難届けを出したいのですが。

Wǒ xiǎng shēnbào shīdào.
我想申报失盗。
ウオ シアン シエンバオ シーダオ

☞ "**失盗**"は「盗難」，"**报**"は「申告する」。

☐ 子供が迷子になりました。

Háizi bújiàn le.
孩子不见了。
ハイズ ブゥジエン ラ

□ 助けて！

Jiùrén a! / Jiùmìng a!
救人 啊！／救命 啊！
ジウレン ア　　ジウミン ア

□ やめて！

Zhùshǒu!
住手！
ジューショウ

□ どろぼう！

Xiǎotōur!
小偷儿！
シアオトウル

□ 火事だ！

Zháo huǒ le!
着火了！
ジャオ フォ ラ

（海外で助けを求める時はこれが一番だそうです。
人が出てくるので…）

【注意をうながす】

□ 気をつけて！

Xiǎoxīn!
小心！
シアオシン

□ 危ない！

Wēixiǎn!
危险！
ウェイシエン

34课 病気・診察・薬局

ショート対話

□A：ここに薬局はありますか？

Zhèli yǒu yàodiàn ma?
这里 有 药店 吗？
ジョーリー ヨウ ヤオディエン マ

□B：ここにはありません。

Méiyǒu.
没有。
メイヨウ

□A：私はどこが悪いのでしょうか？

Wǒ nǎli yǒu wèntí ma?
我 哪里 有 问题 吗？
ウオ ナーリ ヨウ ウェンティー マ

□B：風邪ですね。

Nǐ gǎnmào le.
你 感冒 了。
ニー ガンマオ ラ

関連表現・事項

■「私は〜が痛い」と言うとき

"我 〜 疼。" のパターンを使います

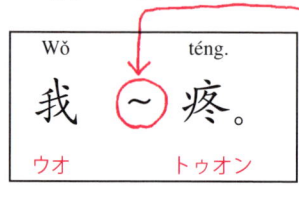

Wǒ téng.
我 〜 疼。
ウオ トゥオン

「のど」嗓子 [sǎngzi] サンズ
「頭」头 [tóu] トウ

すぐに使えるフレーズ

【薬局へ行く】

□ 薬局へ行きたいのですが。

Wǒ xiǎng qù yàodiàn.
我想去药店。
ウオ シアン チュイ ヤオディエン

□ バンドエイドをください。

Wǒ xiǎng yào yí kuài chuāngkǒutiē.
我想要一块创口帖。
ウオ シアン ヤオ イー クワイ チュアンコウティエ

□ 頭痛薬をください。

Wǒ xiǎng yào diǎnr zhì tóuténg de yào.
我想要点儿治头疼的药。
ウオ シアン ヤオ ディアール ジー トウトゥオン ダ ヤオ

☞ "治"は「治す，治療する」。「病気を治す」は "治病"。"头疼"は「頭痛」。

□ この薬はどうやって飲めばいいでしょう？

Zhège yào zěnme chī?
这个药怎么吃？
ジェイゴ ヤオ ゼンモ チー

☞ "吃"は「食べる」"吃药"は「薬を飲む」。

□ 病院へ行ったほうがいいですよ。

Nǐ zuìhǎo qù yīyuàn kànkan.
你最好去医院看看。
ニー ズェイハオ チュイ イーユアン カンカン

「あなたは〜したほうがいい」のパターン

PART 4 すぐに話せる！中国旅行重要フレーズ

【病院へ行く】

□ お医者さんに診てもらいたいのですが。

Wǒ xiǎng qǐng yīshēng kànkan.
我 想 请 医生 看看。
ウオ シアン チン イーシュヨン カンカン

□ 診察の予約をしたいのですが。

Wǒ xiǎng hé yīshēng yùyuē yíxià.
我 想 和 医生 预约 一下。
ウオ シアン ホー イーシュヨン ユイユエ イーシア

□ 予約してあります。

Wǒ yǐjīng yùyuē le.
我 已经 预约 了。
ウオ イージン ユイユエ ラ

☞ "已经"は動作の完了を表す，「もう，すでに」。

□ 予約はしていません。

Méiyǒu yùyuē.
没有 预约。
メイヨウ ユイユエ

□ 日本語を話すお医者さんはいますか？

Yǒu méiyǒu huì shuō Rìyǔ de yīshēng?
有 没有 会 说 日语 的 医生？
ヨウ メイヨウ ホェイ シュオ ルィユイ ダ イーシュヨン

☞ "说"は「話す，言う」。

【症状を説明する】

□ A: どうしましたか？

Nǐ zěnme le?
你 怎么 了？
ニー ゼンモ ラ

□ B: のどが痛いです。

Wǒ sǎngzi téng.
我 嗓子 疼。
ウオ サンズ トゥオン

□ 頭痛がします。

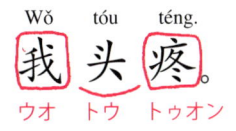

Wǒ tóu téng.
我 头 疼。
ウオ トウ トゥオン

□ 腹痛がします。

Wǒ dùzi téng.
我 肚子 疼。
ウオ ドゥズ トゥオン

☞ "肚子" は「おなか，腹」。

□ 下痢をしています。

Wǒ lā dùzi.
我 拉 肚子。
ウオ ラー ドゥズ

□ 胸が痛いです。

Wǒ xiōngbù téng.
我 胸部 疼。
ウオ シオンブー トゥオン

□ 肩が痛いです。

Wǒ jiānbǎng téng.
我 肩膀 疼。
ウオ ジエンバン トゥオン

□ 歯が痛いです。

Wǒ yá téng.
我 牙 疼。
ウオ ヤー トゥオン

□ 耳が痛いです。

Wǒ ěrduo téng.
我 耳朵 疼。
ウオ アルドゥオ トゥオン

□ ちょうどここが痛みます。

Wǒ zhèli yǒudiǎnr téng.
我 这里 有点儿 疼。
ウオ ジョーリー ヨウディアール トゥオン

□ 胃の調子が悪いです。

Wǒ wèi bù shū fu.
我 胃 不 舒服。
ウオ ウェイ プー シューフ

☞ "**舒服**"は「気分がよい，体調がよい」。

□ 鼻水が出ます。

Wǒ liú bítì.
我 流 鼻涕。
ウオ リウ ビーティ

☞ "流"は「流す」。

□ 足首をねんざしました。

Wǒ jiǎobózi niǔshāng le.
我 脚脖子 扭伤 了。
ウオ ジアオボーズ ニューシャン ラ

☞ "扭伤"は「(筋などを)くじく，ねんざする」。

□ アレルギーがあります。

Wǒ yǒudiǎnr guòmǐn.
我 有点儿 过敏。
ウオ ヨウディアール グオミン 「アレルギー」

□ 医療保険に入っています。

Wǒ cānjiā yīliáo bǎoxiǎn le.
我 参加 医疗 保险 了。
ウオ ツァンジア イーリアオ バオシエン ラ 「保険に加入する」

□ 診断書がほしいのですが。

Wǒ xiǎng yào zhěnduànshū.
我 想 要 诊断书。
ウオ シアン ヤオ ジエンドワンシュウ

35课 空港で

役に立つ表現

□ 予約を変更したいのですが。

Wǒ xiǎng gēnggǎi yùdìng nèiróng.
我 想 更改 预订 内容。
ウオ シアン ゴンガイ ュィディン ネイロン

□ ここでチェックインできますか？

Néng zài zhèr bàn dēngjī shǒuxù ma?
能 在 这儿 办 登机 手续 吗？
ノン ザイ ジョアル バン ドゥオンジイ ショウシュイ マ

☞ "机票"は「航空券」"车票"〔チョーピヤオ〕は「汽車のキップ」。
"登机手续"は「搭乗の手続き」。

□ このスーツケースを預けたいのですが。

Wǒ xiǎng bǎ zhège xiāngzi tuōyùn.
我 想 把 这个 箱子 托运。
ウオ シアン バ ジェイゴ シアンズ トゥオユイン

関連表現・事項

□「日本航空のカウンターがどこにあるか教えてくださいますか？」

Nǐ néng gàosu wǒ Rìběn hángkōng gōngsī de
你 能 告诉 我 日本 航空 公司 的
ニー ノン ガオス ウオ ルィベン ハンコン ゴンスー ダ

guìtái zài nǎr ma?
柜台 在 哪儿 吗？
グイタイ ザイ ナール マ

☞ "在"は場所を表す介詞で,「…に, …で」という意味。

すぐに使えるフレーズ

☐ **このカバンを機内に持ち込んでもいいですか？**

Kěyǐ bǎ zhège bāor dàishàng fēijī ma?
可以 把 这个 包儿 带上 飞机 吗？
コーイー バ ジェイゴ バオアール ダイシャン フェイジー マ

「カバン」

☐ **窓側の席をお願いします。**

Wǒ xiǎng yào yíge kàochuāng de zuòwèi.
我 想 要 一个 靠窗 的 座位。
ウオ シアン ヤオ イーゴ カオチュアン ダ ズゥオウエイ

☞ "靠"は「隣接する…のそば」。"靠窗的"は「窓側の」意味。「通路側」は"窗"のかわりに"通道"[トンダオ]を入れます。

☐ **友達と隣り合わせの席がいいのですが。**

Wǒ xiǎng hé péngyou zuòzài yiqi.
我 想 和 朋友 坐在 一起。
ウオ シアン ホー ポンヨウ ズゥオザイ イーチー

「一緒に」

☞ "一等舱"は「ファーストクラス」。"头等舱"[トウドンツァン]ともいう。"商务舱"[ジャンウーツァン]は「ビジネスクラス」。"经济舱"[ジンジーツァン]は「エコノミークラス」。

☐ **この航空券を換えられますか？**

Néng huàn yíxià jīpiào ma?
能 换 一下 机票 吗？
ノン ホワン イーシア ジイピヤオ マ

☐ **前方[後方]の座席がいいのですが。**

Wǒ xiǎng yào yíge kàoqián kàohòu de zuòwèi
我 想 要 一个 靠前［靠后］的 座位。
ウオ シアン ヤオ イーゴ カオチエン カオホウ ダ ズゥオウエイ

☞ "靠前的"は「前方の, 前よりの」。「後方」なら"靠后"[カオホウ]

PART 4 すぐに話せる！中国旅行重要フレーズ

175

□ 搭乗ゲートはどこですか？

　　　Dēngjīkǒu　　zài　　nǎr?
　　登机口　在　哪儿？
　　ドゥオンジィコウ　ザイ　ナール

□ 今搭乗してもいいですか？

　　　Kěyǐ　　xiànzài　　dēngjī　　ma?
　　可以　现在　登机　吗？
　　コーイー　シエンザイ　ドゥオンジィ　マ

□ 搭乗は何時から始まりますか？

　　　Shénme　shíhou　　kāishǐ　　dēngjī?
　　什么　时候　开始　登机？
　　シェンモ　シホウ　カイシ　ドゥオンジィ

　☞ "开始"は「始める，始まる」，"登机"は「搭乗する」。

□ 飛行機はいつ離陸しますか？

　　　Fēijī　　shénme　　shíhou　　qǐfēi?
　　飞机　什么　时候　起飞？
　　フェイジィ　シェンモ　シーホウ　チイフェイ

　　　　　　　　　　「離陸する」

PART 5

入れ替えて使える！中国語の基本単語集

「あ」

愛	愛情	アイチン
愛する	愛	アイ
あいさつ	问侯	ウェンホウ
会う	见面	ジエンミエン
明るい	明亮	ミンリアン
明るい（性格）	明朗	ミンラン
味	味道	ウェイダオ
預ける	存	ツン
遊ぶ	玩儿	ワァル
暖かい	暖和	ヌアンフォ
新しい	新	シン
厚い	厚	ホウ
暑い（熱い）	热	ルー
集まる	集合	ジィホォ
危ない	危险	ウェイシエン
甘い	甜	ティエン
洗う	洗	シィ
歩く	走	ゾウ

「い」

言う	说	シュオ
家	房子	ファンズ
行く	去	チュィ
医者	医生	イーシュヨン
忙しい	忙	マン
痛い	疼	トゥオン
一生	终生	ジョンシュヨン
いつも	总是	ゾンシー
命	生命	シュヨンミン
今	现在	シェンザイ
意味	意思	イース
Eメール	E妹儿	イーメェル
Eメールアドレス	E妹儿地址	イーメェルディジィ
入口	入口	ルウコウ
色	颜色	イエンソー
インターネット	因特网	インターワァン

「う」

上	上面	シャンミエン
失う	失去	シーチュイ
後ろ	背后	ベイホウ
薄い	薄	バオ
歌	歌	ゴォ
打つ	打	ダー

美しい	美丽	メイリィ
生まれる	出生	チュウシュヨン
海	海	ハイ
裏	背面	ベイミエン
占う	算命	スアンミン
売る	卖	マイ
うるさい	吵闹	チャオナオ
うれしい	高兴	ガオシン
運転（する）	开	カイ
運賃	车费	チョーフェイ
運動する	运动	ユインドン

「え」

映画	电影	ディエンイン
英語	英语	インユィ
駅	车站	チョージャン
選ぶ	选择	シュエンゼェ
得る	取得	チュイダー

「お」

おいしい	好吃	ハオチー
多い	多	ドゥオ
大きい	大	ダー
お金	钱	チエン
起きる	起来	チィライ
置く	放	ファン
送る	送	ソン
贈る	赠送	ゼンソン
遅れる	迟到了	チダオラ
怒る	生气	シュヨンチィ
教える	教	ジアオ
押す	推	トゥエイ
遅い（速度）	慢	マン
遅い（時間）	晚	ワン
おつり	零钱	リンチエン
音	声音	ションイン
大人	成人	チョンレン
踊る	跳舞	ティアオウー
同じ	同样	トンヤン
覚える	记得	ジィダ
重い	重	ジョン
面白い	很有意思	ヘンヨウイィス
表	表面	ビアオミエン
泳ぐ	游泳	ヨウヨン
降りる	下	シア

終わる	结束	ジエシュウ
音楽	音乐	インユエ
温泉	温泉	ウエンチュアン
温度	温度	ウエンドウ

「か」

海外	海外	ハイワイ
解決する	解决	ジエジュエ
外国	外国	ワイグオ
外国人	外国人	ワイグオレン
改札口	检票口	ジェンピャアオコウ
会社	公司	ゴンス
会話	会话	ホェイホワ
ガイド	导游	ダオヨウ
買う	买	マイ
カウンター	柜台	グェイタイ
返す	还	ホワン
変える	改变	ガイビエン
帰る	回家	ホェイジア
香り	香味	シアンウエイ
カギ	钥匙	ヤオシ
書く	写	シエ
歌詞	歌词	ゴォツゥ
貸す	出借	チュージエ
数える	数	シュウ
硬い	硬	イン
形	形状	シンジュアン
勝つ	赢	イン
学校	学校	シュエシアオ
家庭	家庭	ジアティン
悲しい	悲伤	ベイシャン
紙	纸	ジィ
カメラ	照相机	ジャオシアンジー
辛い	辣	ラー
カラオケ	卡拉OK	カラオケ
軽い	轻	チン
かわいい	可爱	コーアイ
乾く	干	ガン
観光	旅游	リュイヨウ
看護師	护士	フーシー
簡単	简单	ジエンダン

「き」

消える	消失	シアオシー
気温	气温	チィウエン
着替える	换衣服	ホアンイーフ
聞く	听	ティン
気候	气候	チィホウ
帰国	回国	ホエイグオ
季節	季节	ジージエ
きたない	脏	ザン
喫茶店	咖啡店	カーフェイディエン
切手	邮票	ヨウピヤオ
切符（チケット全般）	票	ピヤオ
切符売り場	售票处	ショウピヤオチュウ
記念日	纪念日	ジーニエンルィ
キャンセルする	取消	チュウシャオ
休暇	放假	ファンジア
休日	假日	ジアールィ
興味	兴趣	シンチュイ
きらい	讨厌	タオイエン
切る	切	チエ
着る	穿	チュアン
銀行	银行	インハン

「く」

空港	机场	ジーチャン
くさい	臭	チョウ
薬	药	ヤオ
薬屋	药店	ヤオディエン
口紅	口红	コウホン
悔しい	窝心	ウオシン
暗い	暗	アン
比べる	比较	ビィジアオ
クレジットカード	信用卡	シンヨンカー
来る	来	ライ
苦しい	难受	ナンショウ

「け」

計画	计划	ジィホワ
経験	经验	ジンイエン
警察	警察	ジンチァア
携帯電話	手机	ショウジィ

PART 5　入れ替えて使える！中国語基本単語

日本語	中国語	発音
ケガする	受伤	ショウシャン
化粧	化妆	ホアジュアン
月経	月经	ユエジン
結婚（する）	结婚	ジエフン
決心	决心	ジュエシン
欠席	缺席	チュエシィ
元気（身体）	身体很好	シェンティヘンハオ
元気（気力）	精神	ジンシェン
健康	健康	ジエンカン
検査	检查	ジエンチャー

「こ」

日本語	中国語	発音
濃い	浓	ノン
恋人	情人	チンレン
公園	公园	ゴンユエン
公衆電話	公用电话	ゴンヨンデイエンホワ
香水	香水	シアンシュエイ
公務員	公务员	ゴンウーユエン
声	声音	ションイン
故郷	故乡	グゥシアン
国際電話	国际电话	グオジーディエンホワ
国籍	国籍	グオジィ
心	心	シン
言葉（話し言葉）	话	ホワ
子供	小孩子	シアオハイズ
断る	拒绝	ジュイジュエ
小包	包裹	バオグオ
恐い	可怕	コォパァ
コンピュータ	电脑	ディエンナオ
婚約する	订婚	ディンホン

「さ」

日本語	中国語	発音
最近	最近	ズェイジン
最後	最后	ズェイホウ
最初	第一次	ディーツー
サイズ	尺寸	チュチュン
財布	钱包	チエンバオ
探す	寻找	シュンジャオ
酒	酒	ジウ
誘う	邀请	ヤオチン
雑誌	杂志	ザージー

寒い	冷	ロン
触る	接触	ジエチュ
賛成する	赞成	ザンチョン
散歩する	散步	サンブゥ

「し」

試合	比赛	ビーサイ
幸せ	幸福	シンフゥ
資格	资格	ヅーゴォ
時間	时间	シージエン
辞書	词典	ツゥディエン
下	下面	シアミエン
失敗	失败	シィバイ
質問	询问	シュンウェン
自転車	自行车	ヅゥシーンチョー
自動車	汽车	チィチョー
氏名	姓名	シンミン
閉める	关	グアン
写真	照片	ジャオピエン
住所	地址	ディジィ
収入	收入	ショウルゥ
修理する	修理	シュウリィ

出発する	出发	チュウファー
趣味	爱好	アイハオ
主婦	家庭妇女	ジャティンフーニュイ
準備する	准备	ジュンベイ
紹介する	介绍	ジエシャオ
正直	老实	ラオシィ
招待	邀请	ヤオチン
将来	将来	ジャンライ
職業	职业	ジイイェ
女性	女性	ニュイシン
知る	知道	ジーダオ
信じる	相信	シァンシン
親切	亲切	チンチエ
新鮮	新鲜	シンシエン
心配	担心	ダンシン
新聞	报纸	バオジィ
親友	好朋友	ハオポンヨウ

「す」

好き	喜欢	シィホワン
少し	一点	イーディエン
涼しい	凉快	リァンクワイ

PART 5 入れ替えて使える！中国語基本単語

捨てる	扔掉	ランディアオ	尊敬	尊敬	ズゥンジン
素直	天真	テンズン			
住む	住	ジュウ			
座る	坐	ズゥオ			

「た」

大学	大学	ダーシュエ
大学生	大学生	ダーシュエシュヨン
滞在する	逗留	ドウリウ
高い（高さ）	高	ガオ
高い（値段）	貴	グエイ
タクシー	出租汽车	チューズーチィチョー
助ける	帮助	バンジュウ
訪ねる	访问	ファンウエン
尋ねる	询问	シゥンウエン
正しい	正确	ジョンチュエ
立つ	站	ジャン
建物	建筑物	ジェンジューウー
楽しい	愉快	ユィクワイ
タバコ	香烟	シアンイエン
食べる	吃	チー
試す	试	シー
短所	短处	ドゥアンチュ

「せ」

性格	性格	シンゴォ
生活	生活	シュヨンフォ
成功する	成功	チェンゴン
生年月日	出生年月日	チュウシュヨンニエンユエルィ
生理用品	卫生巾	ウェイシュヨンジン
説明	说明	シュオミン
節約する	节约	ジエユエ
狭い	狭窄	シアジャイ
洗濯する	洗衣服	シーイーフゥ

「そ」

そうじ	打扫	ダーサオ
相談	商量	シャンリアン
卒業	毕业	ビィイエ
そっくり	很象	ヘンシアン

誕生日	生日	シュヨンルィ
男性	男人	ナンレン

「ち」

小さい	小	シアオ
地下鉄	地铁	ディティエ
近い	近	ジン
違う	不一样	ブウイーヤン
中国	中国	ジョングオ
中国語	中文	ジョンウエン
中国人	中国人	ジョングオレン
中止	中止	ジョンジィ
中心	中心	ジョンシン
注文する（商品）	订货	ディンフオ
注文する（料理）	点菜	ディエンツァイ
治療	治疗	ジィリアオ

「つ」

通訳	翻译	ファンイー
使う（道具）	用	ヨン
使う（金，時間）	花	ホワ

疲れる	累	レイ
付き添う	陪	ペイ
包む	包	バオ
冷たい（飲物など）	冷	ロン
冷たい（人に対して）	冷淡	ロンダン

「て」

Tシャツ	汗衫	ハンシャン
ティッシュペーパー	餐巾纸	チャンジンジィ
テーブル	餐桌	ツァンジュオ
手紙	信	シン
出口	出口	チューコウ
手伝う	帮助	バンジュウ
デパート	百货商店	バイフオシャンディエン
テレビ	电视	ディエンシィ
天気	天气	ティエンチィ
伝言	留言	リウイエン
電話	电话	ディエンホア
電話番号	电话号码	ディエンホワハオマ

「と」

トイレ	洗手间	シィショウジィエン
	厕所	ツァスオ
トイレットペーパー	手纸	ショウジィ
到着する	到	ダオ
動物	动物	ドンウー
遠い	远	ユアン
通る	通过	トングオ
読書	读书	ドゥーシュー
独身	单身	ダンシェン
時計（腕時計）	手表	ショウビアオ
時計（置時計）	座钟	ズオジョン
閉じる	关	グアン
飛ぶ	飞	フェイ
泊まる	住宿	ジュウス
友達	朋友	ポンヨウ
ドライブ	兜风	ドウフォン
トラベラーズチェック	旅行 支票	リュシン ジーピヤオ
取り消す	取消	チュイシアオ
努力する	努力	ヌゥリー

「な」

内容	内容	ネイロン
直す	修改	シュウガイ
長い	长	チャン
流れる	流	リュウ
なくす	丢	ディウ
名前（姓名）	姓名	シンミン
名前（人・物の名称）	名字	ミンズ
習う	学习	シュエシー
慣れる	习惯	シィグワン

「に」

におい	气味	チィウェイ
苦い	苦	クー
似ている	象	シァン
日本	日本	ルィベン
日本語	日语	ルィユイ
荷物	行李	シンリー
ニュース	新闻	シンウン
人気がある	受欢迎	ショウホワンイン

「ね」

値段（価格）	价格	ジアーゴォ
熱が出る	发烧	ファーシャオ
眠い	困	クン
年齢	年龄	ニエンリン

「の」

飲む	喝	ホー
飲物	饮料	インリアオ
乗る（馬，自転車）	骑	チィ
乗る（乗り物）	坐	ズゥオ
乗り換える	换车	ホアンチョー

「は」

入る	进入	ジンルー
運ぶ	运送	ユインソン
箸	筷子	クワイズ
始める	开始	カイシィ
初めて	首次	ショウツゥ
	第一次	ディーイーツー
場所	地方	ディファン
走る	跑	パオ

バス	公共 汽车	ゴンゴン チィチョー
パスポート	护照	フージャオ
パソコン	电脑	ディエンナオ
働く	工作	ゴンズオ
発音	发音	ファーイン
派手な	花哨	フワシャオ
話す	说	シュオ
速い	快	クワイ
早い	早	ザァオ
払う	付	フー
番号	号码	ハオマ
反対する	反对	ファンドゥエイ
半分	一半	イーバン

「ひ」

低い	低	ディ
飛行機	飞机	フェイジー
ビザ	签证	チエンジョン
左	左	ズオ
引っぱる	拉	ラー

費用	費用	フェイヨン
美容院	美容院	メイロンユアン
病院	医院	イーユアン
病気	病	ビン
広い	广阔	グアンクオ
ビール	啤酒	ビージウ

「ふ」

封筒	信封	シンフォン
深い	深	シェン
服	衣服	イーフ
普通	一般	イーバン
二日酔い	宿醉	スーズェイ
仏教	佛教	フォオジアオ
太い	粗	ツウー
降る	下	シア
古い	旧	ジィウ
プレゼント	礼物	リーウー
風呂	泡澡	パォザオ
文化	文化	ウェンホヮ

「へ」

部屋	房间	ファンジエン
勉強する	学习	シュエシィ
変更する	更改	ゴンガイ
弁護士	律师	リュウシー
返事	回答	ホエイダー
便利	方便	ファンビエン

「ほ」

方向	方向	ファンシアン
方法	办法	バンファ
保険	保险	バオシエン
細い	细	シー
ホテル	饭店	ファンディエン
ほめる	夸	クア
本	书	シュウ

「ま」

曲がる	弯	ワン
負ける	输	シュー
まじめ	认真	ルェンジェン
まずい（食物）	不好吃	ブゥハオチー

待ち合わせ	约会	ユエホェイ
間違い	错	ツオ
待つ	等	ドン
まっすぐ	笔直	ビィジィ
窓	窗户	チュアンフ
守る	遵守	ズゥンショウ
マンガ	漫画	マンホワ
満足する	满意	マンイー

「み」

右	右	ヨウ
未婚	未婚	ウエイフン
店	商店	シャンディエン
身分証明書	身分证	シェンフェンジョン
みやげ	礼物	リーウー
未来	将来	ジァンライ
見る	看	カン

「む」

| 迎える | 迎接 | インジエ |
| 昔 | 以前 | イーチエン |

難しい	难	ナン
結ぶ	系	ジィ
夢中	入迷	ルゥミィ

「め」

名刺	名片	ミンピエン
名所	名胜	ミンション
珍しい	少见	シャオジエン
メニュー	菜单	ツァイタン

「も」

申し込み	申请	シェンチン
文字	字	ズー
持つ	有	ヨウ

「や」

約（およそ）	大约	ダーユエ
訳す	翻译	ファンイ
役に立つ	有用	ヨウヨン
約束	约定	ユエディン
優しい	温順	ウエンシュン
易しい	容易	ロンイ
安い	便宜	ピエンイ

休む	休息	シウシ
止める	停	ティン
やわらかい	软	ルアン

「ゆ」

勇気	勇气	ヨンチー
夕食	晚餐	ワンツァン
友情	友情	ヨウチン
郵便局	邮局	ヨウジュイ
ゆっくり	慢	マン
指輪	戒指	ジエジ
夢	梦	モン

「よ」

良い	好	ハオ
酔う	喝醉	ホォズェイ
用意	准备	ジュンベイ
汚れる	脏	ザン
酔っ払い	醉鬼	ズェイグェイ
予定	预定	ユィディン
呼ぶ	叫	ジアオ
読む	看	カン
喜ぶ	高兴	ガオシン

| 弱い | 弱 | ルウオ |
| 予約 | 预订 | ユィディン |

「ら」「り」

楽	轻松	チンソン
理解する	了解	リアオジエ
理想	理想	リーシアン
理由	理由	リーヨウ
留学	留学	リォウシュエ
留学生	留学生	リォウシュエシュヨン
流行	流行	リウシン
料金	费用	フェイヨン
領収書	发票	ファーピヤオ
料理	菜	ツァイ
旅券番号	护照号码	フージャオハオマ
旅行	旅游	リュウイヨウ

「る」「れ」「ろ」

留守	不在	ブザイ
歴史	历史	リィシィ
練習する	练习	リエンシィ

録音する	录音	ルーイン

「わ」

若い	年轻	ニエンチン
わかる	懂	ドン
別れる	分手	フェンショウ
分ける	分	フェン
忘れる	忘记	ワンジ
笑う	笑	シアオ
悪い	坏	ホワイ

ブックデザイン	大郷有紀（ブレイン）
編集協力	横井光子，劉文靖（ブレイン），音玄堂，金素樂
編集担当	斎藤俊樹（三修社）

CD付
バッチリ話せる中国語

2010年3月20日　第1刷発行

監修者 ――― 于暁飛

発行者 ――― 前田俊秀
発行所 ――― 株式会社三修社
　　　　　　〒150-0001　東京都渋谷区神宮前 2-2-22
　　　　　　TEL 03-3405-4511　FAX 03-3405-4522
　　　　　　振替 00190-9-72758
　　　　　　http://www.sanshusha.co.jp/

印刷製本 ――― 壮光舎印刷株式会社
ＣＤ制作 ――― 三研メディアプロダクト 株式会社

©2010 Printed in Japan
ISBN978-4-384-04252-8 C1087

〈日本複写権センター委託出版物〉
本書を無断で複写複製（コピー）することは、著作権法上の例外を除き、禁じられています。本書をコピーされる場合は、事前に日本複写権センター（JRRC）の許諾を受けてください。
JRRC〈http://www.jrrc.or.jp　email:info@jrrc.or.jp Tel:03-3401-2382〉